101 CALAVERAS À COLORIER

LES CALAVERAS

D'où viennent les "Calaveras" ? Il s'agit en fait d'une tradition reliée à la célébration de la Fête des Morts qui fut remise à l'honneur dans toutes les régions du Mexique au cours des années 1920.

Au Mexique, on aime profiter du Jour des Morts pour se souvenir des proches disparus. C'est une façon particulière de faire son deuil qui est rattachée à de vieilles pratiques religieuses. En effet, certaines croyances prétendent que les défunts reviennent sur la terre le 1er novembre de chaque année.

Le terme "Calavera" désigne un crâne humain ou une tête de mort mais également les figurines en pâte de sucre déposées sur les autels à l'occasion de la Fête des Morts.

Les "Calaveras" servent d'offrandes aux défunts ou aux membres de la famille. Bien souvent, les Mexicains mangent les "Calaveras" à la fin du repas consacré à la célébration du Jour des Morts.

Autrefois, ces petits crânes en sucre étaient faits à la main mais ils sont maintenant fabriqués de façon industrielle. Ils sont vendus sous forme de friandises de pâte de sucre, de graines d'amarante ou de chocolat.

Le coloriage permet à des milliers de personnes de relaxer régulièrement tout en développant leur créativité. Colorier aide à vaincre le stress quotidien, permet de mieux dormir et diminue les addictions à l'électronique.

Dans cet album de coloriage pour ados et pour adultes, vous aurez accès à 101 illustrations originales de "Calaveras" qui sont tout à fait appropriées pour la période de l'Halloween ou à n'importe quel autre moment de l'année.

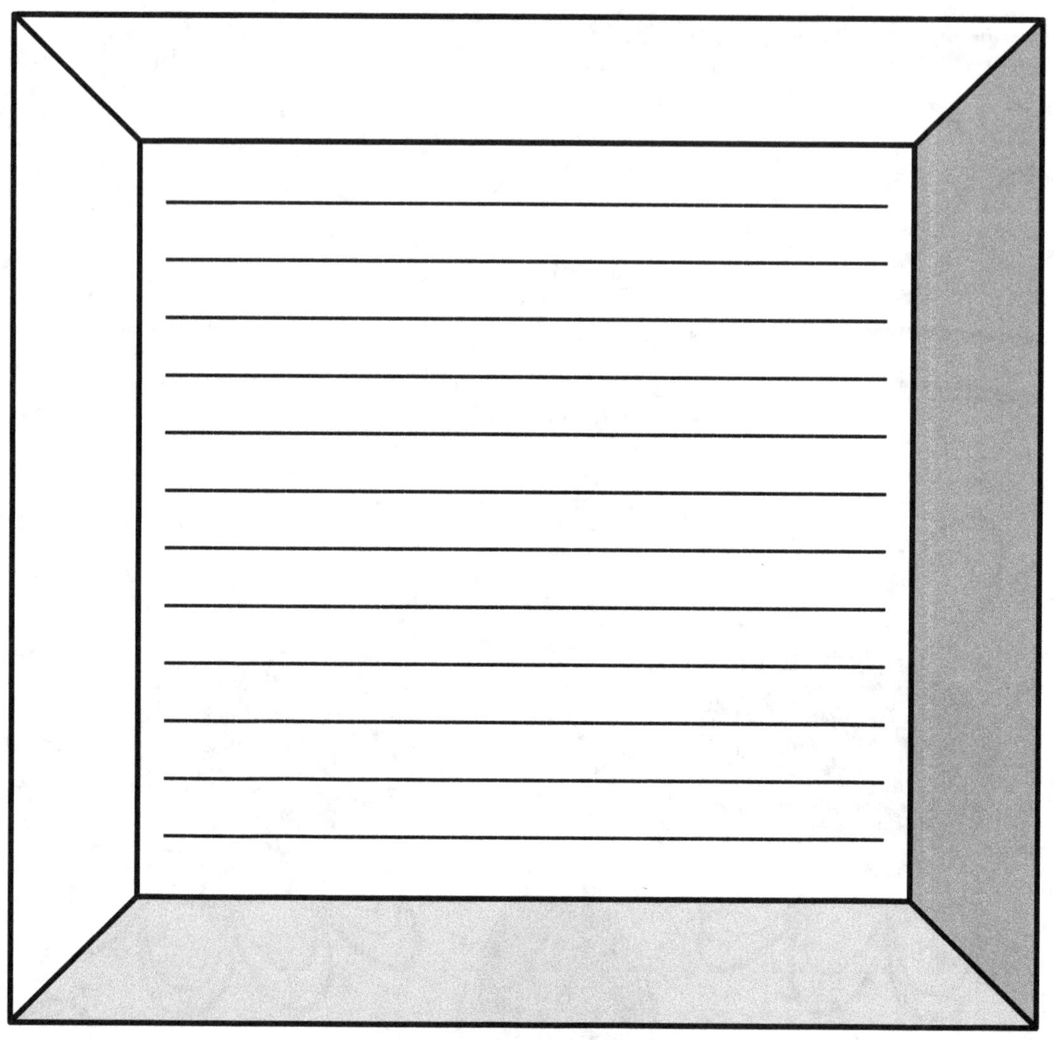

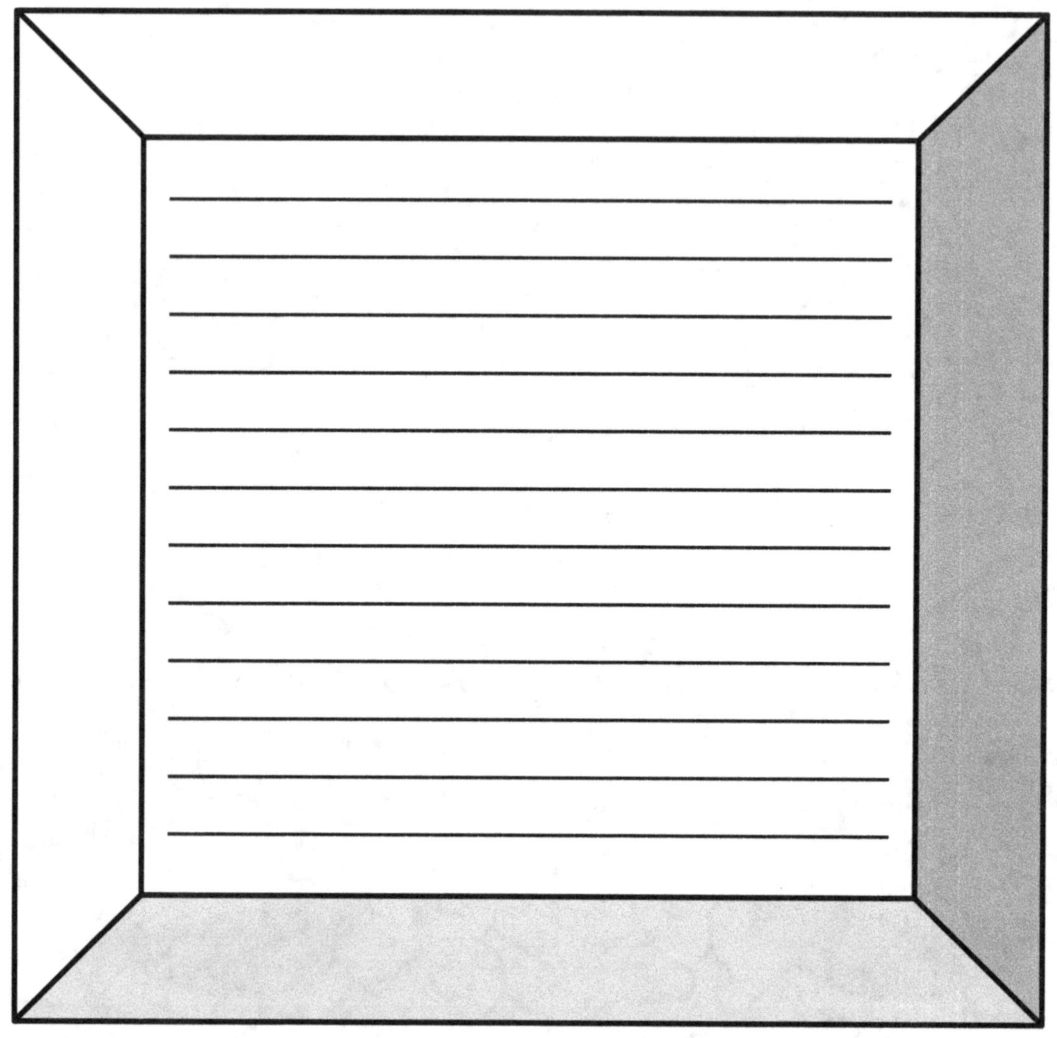

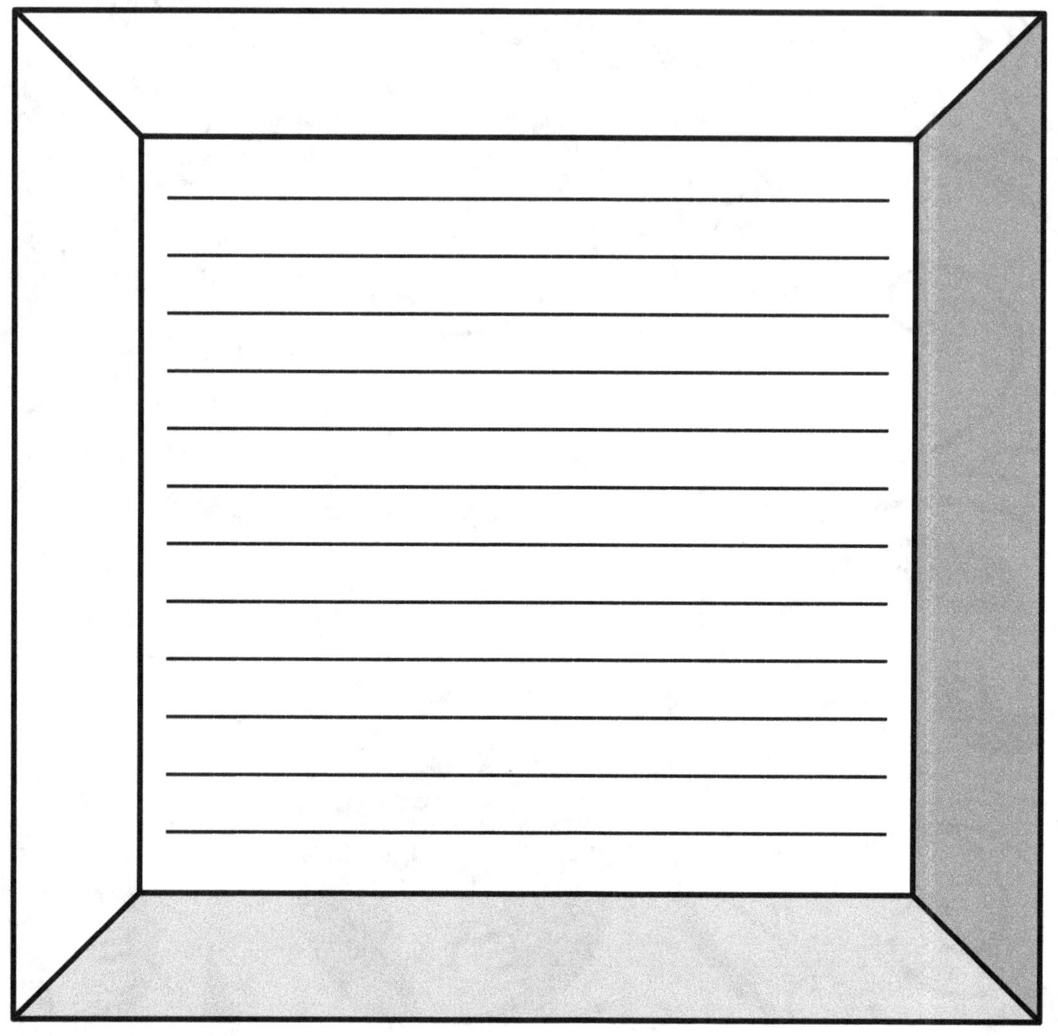

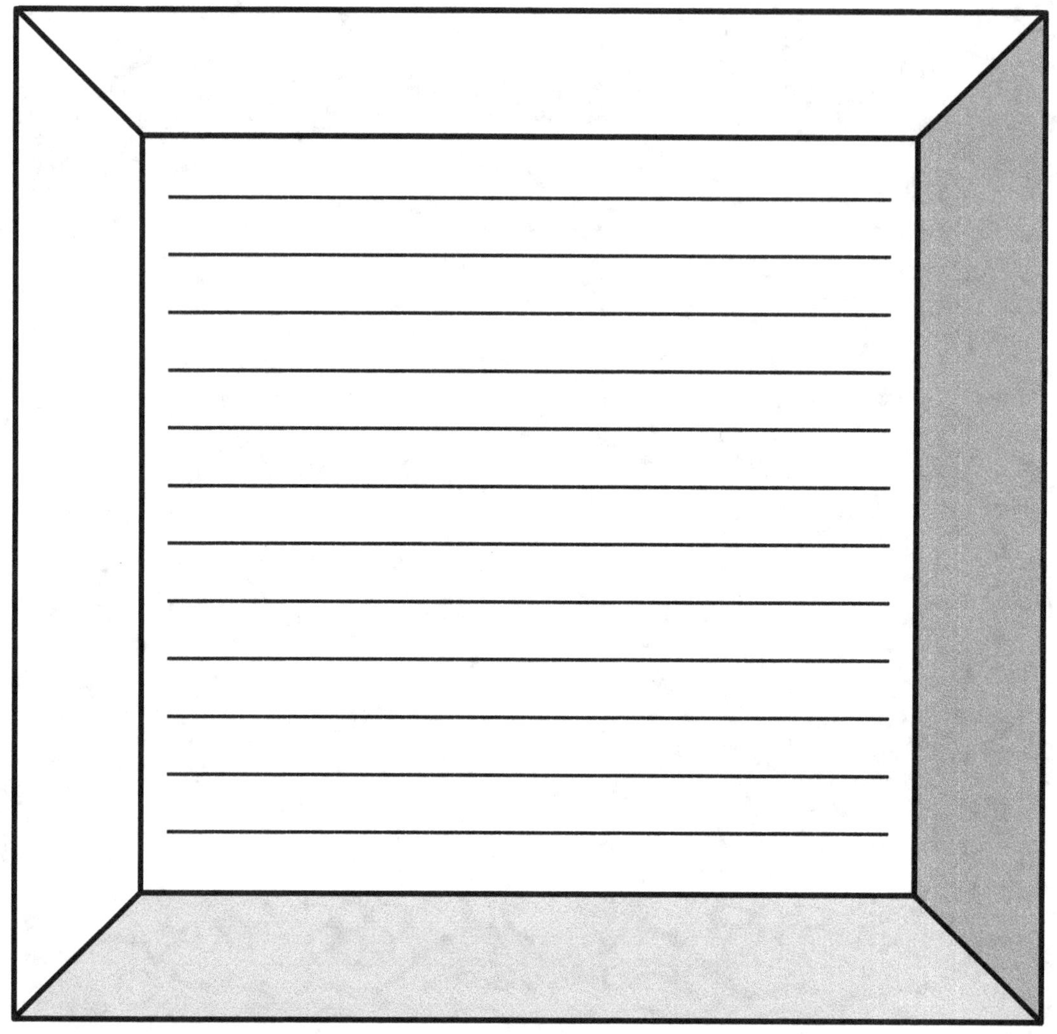

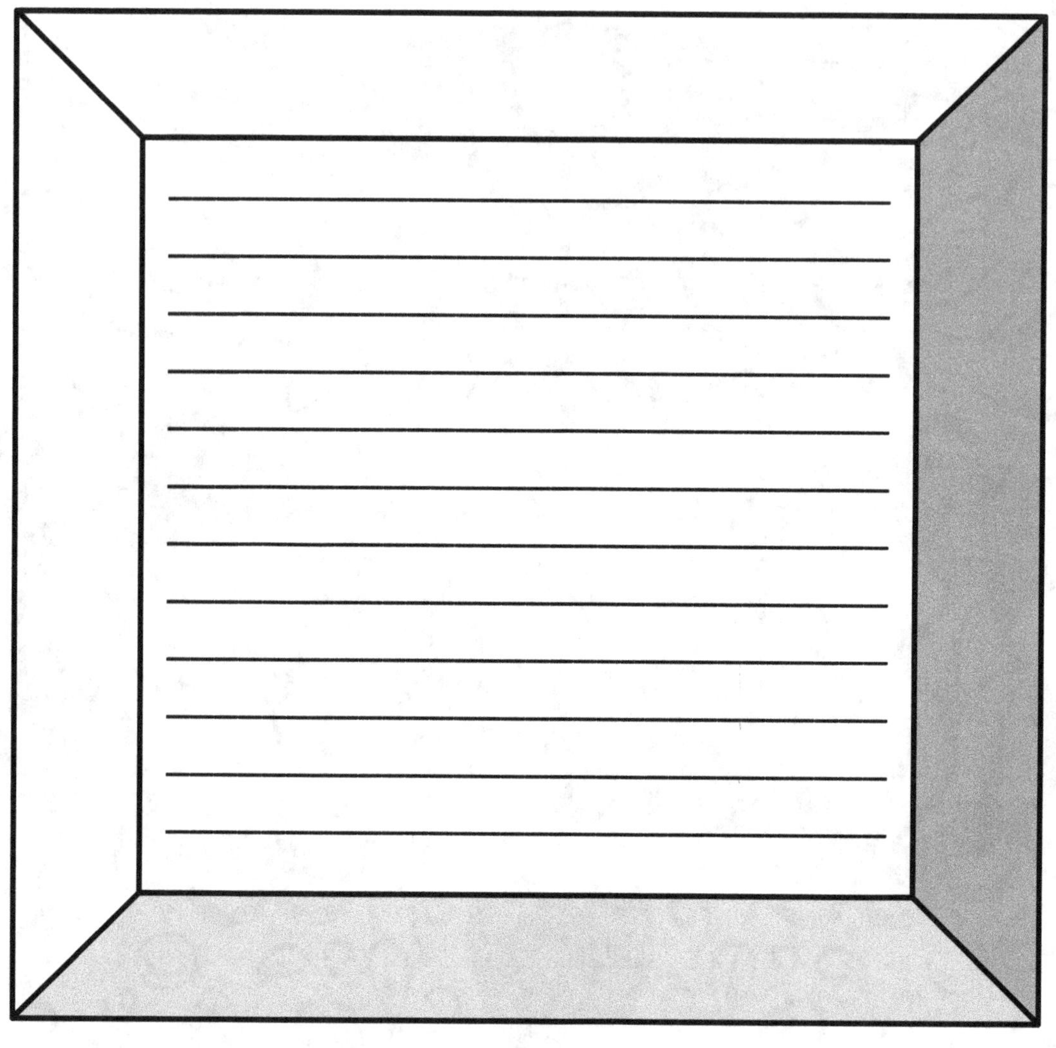

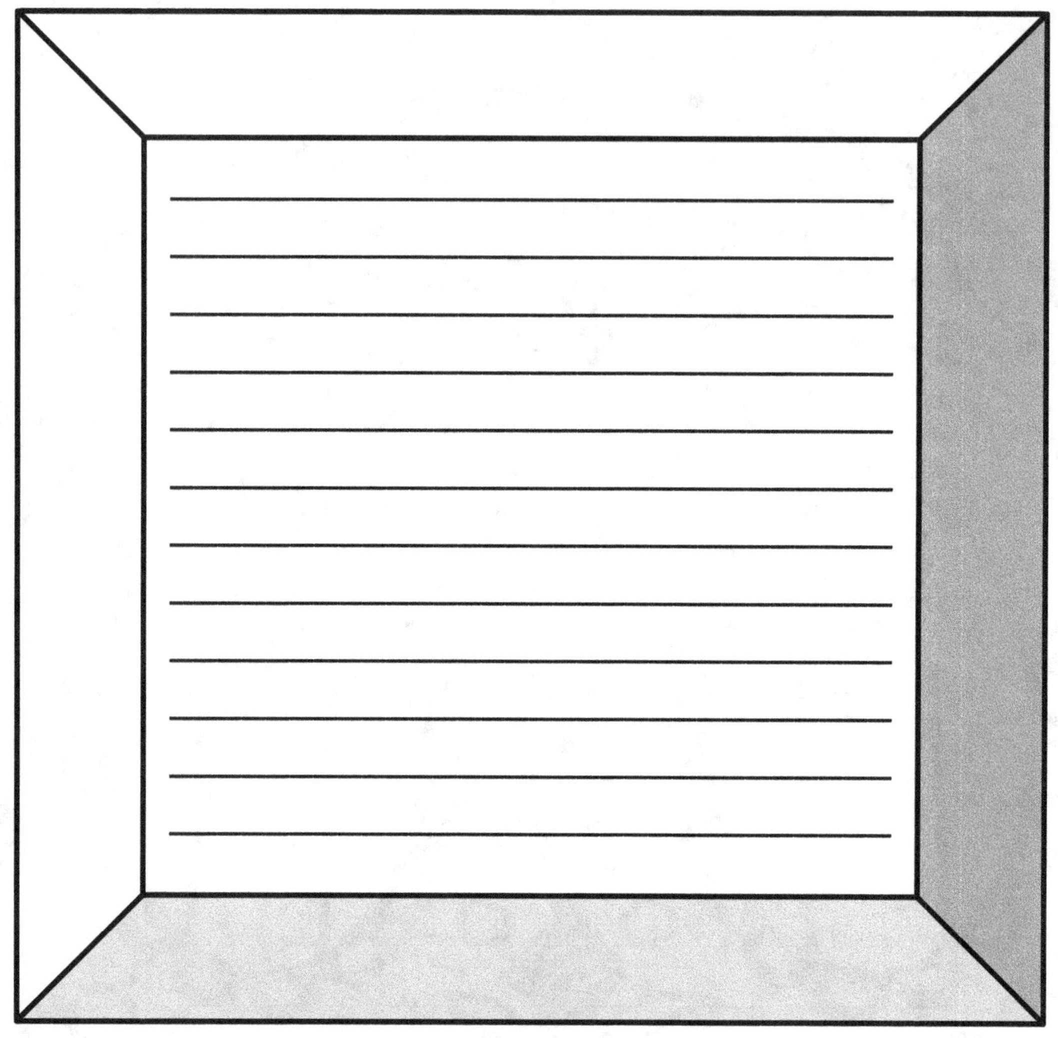

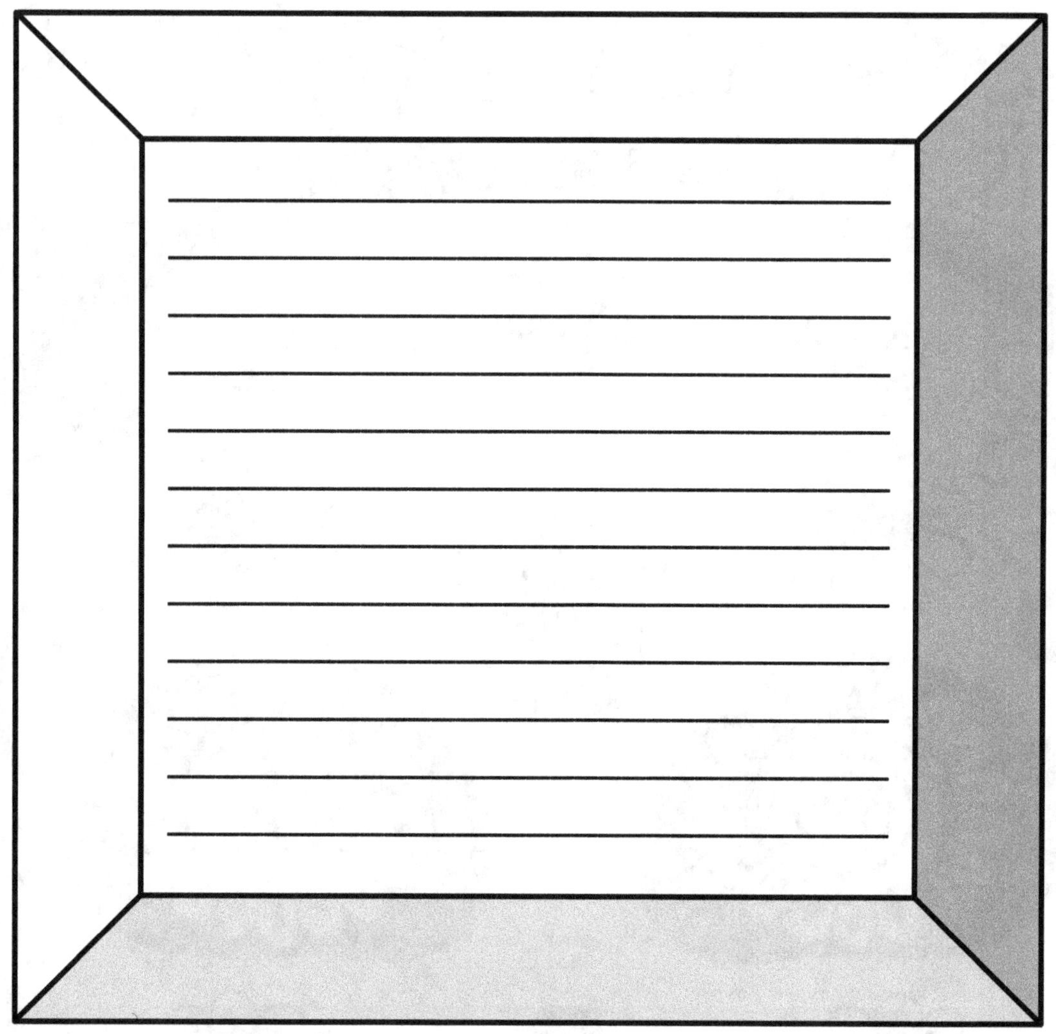

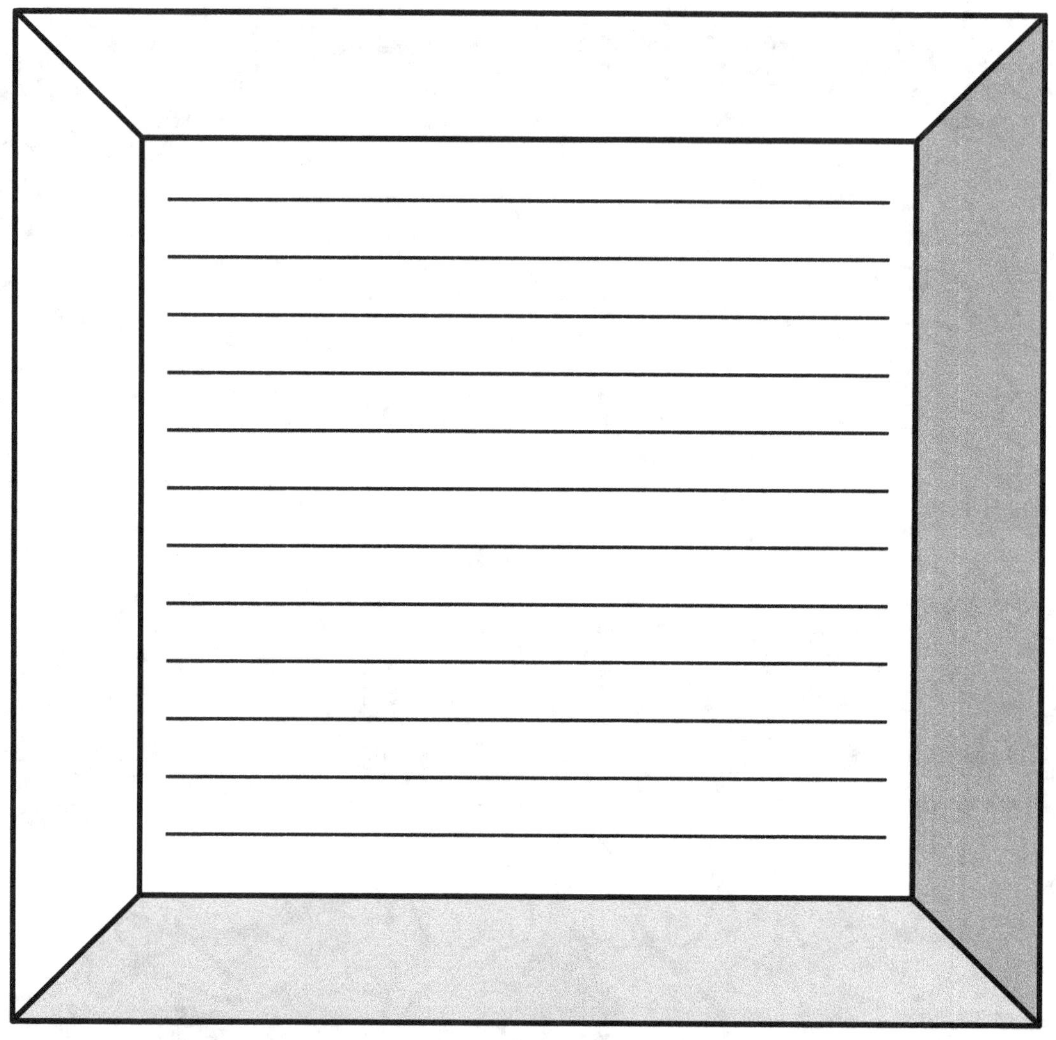

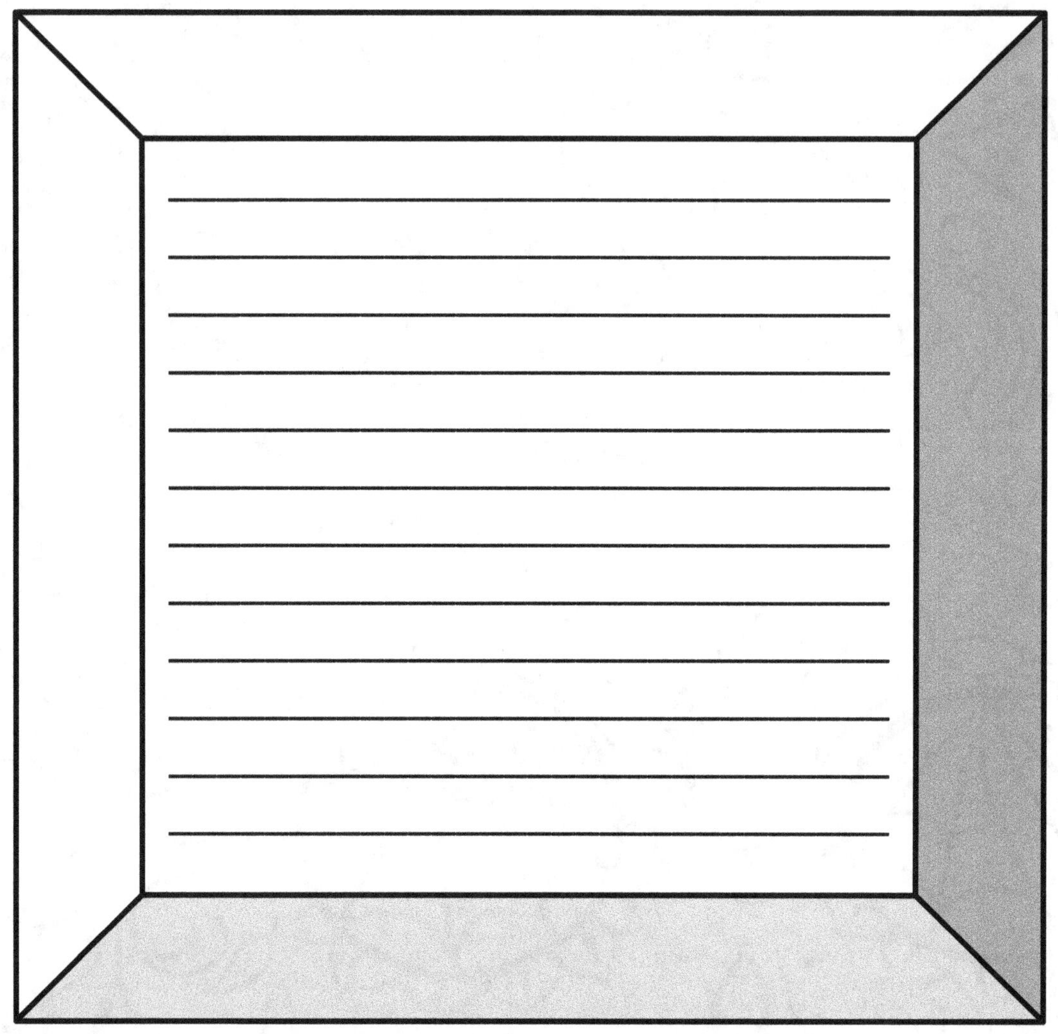

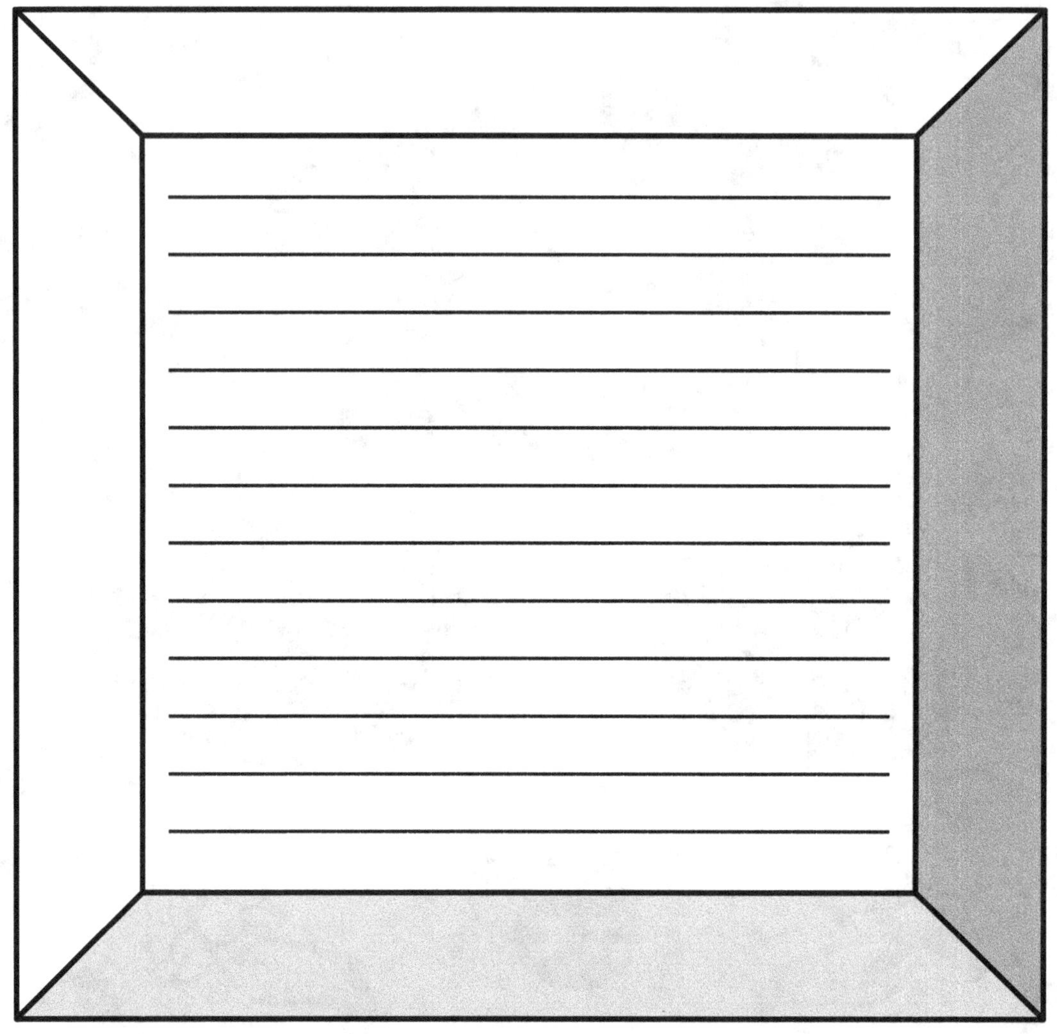

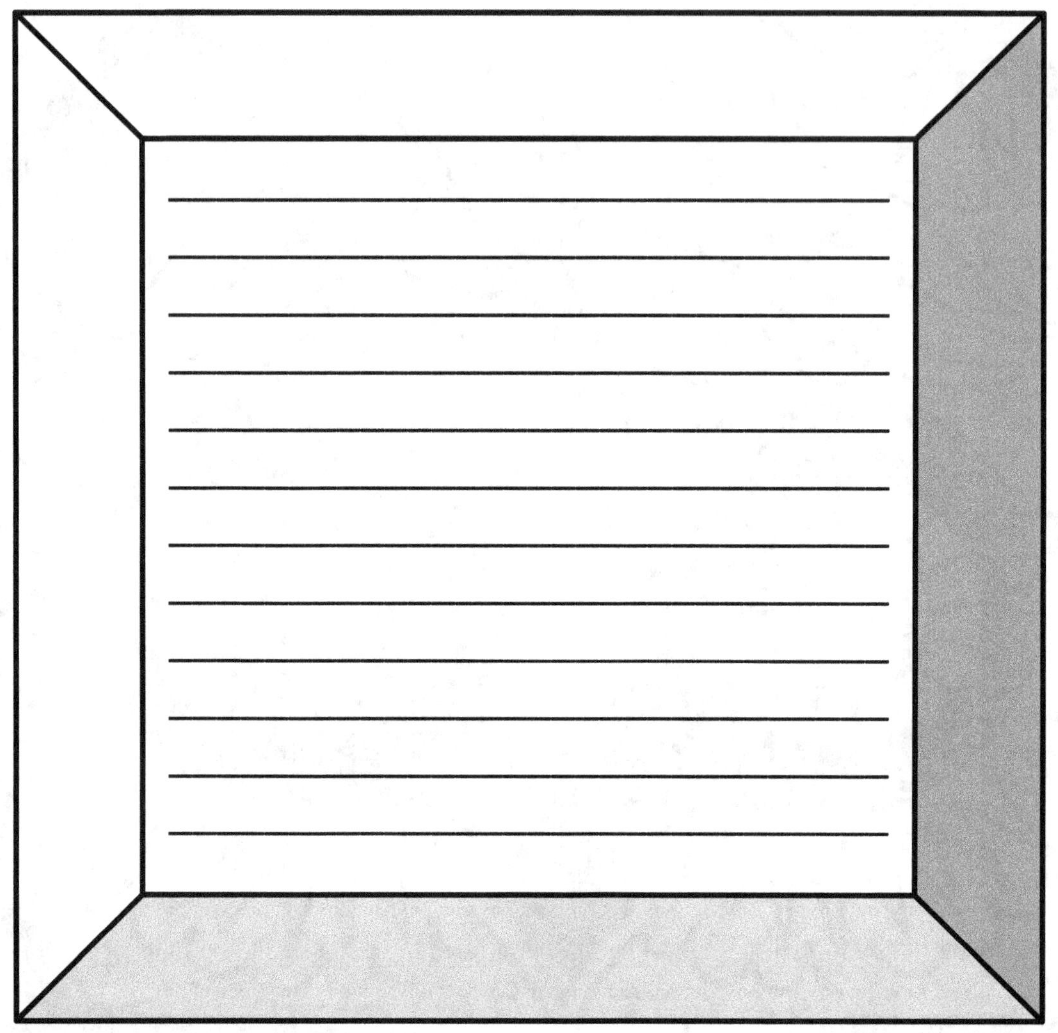

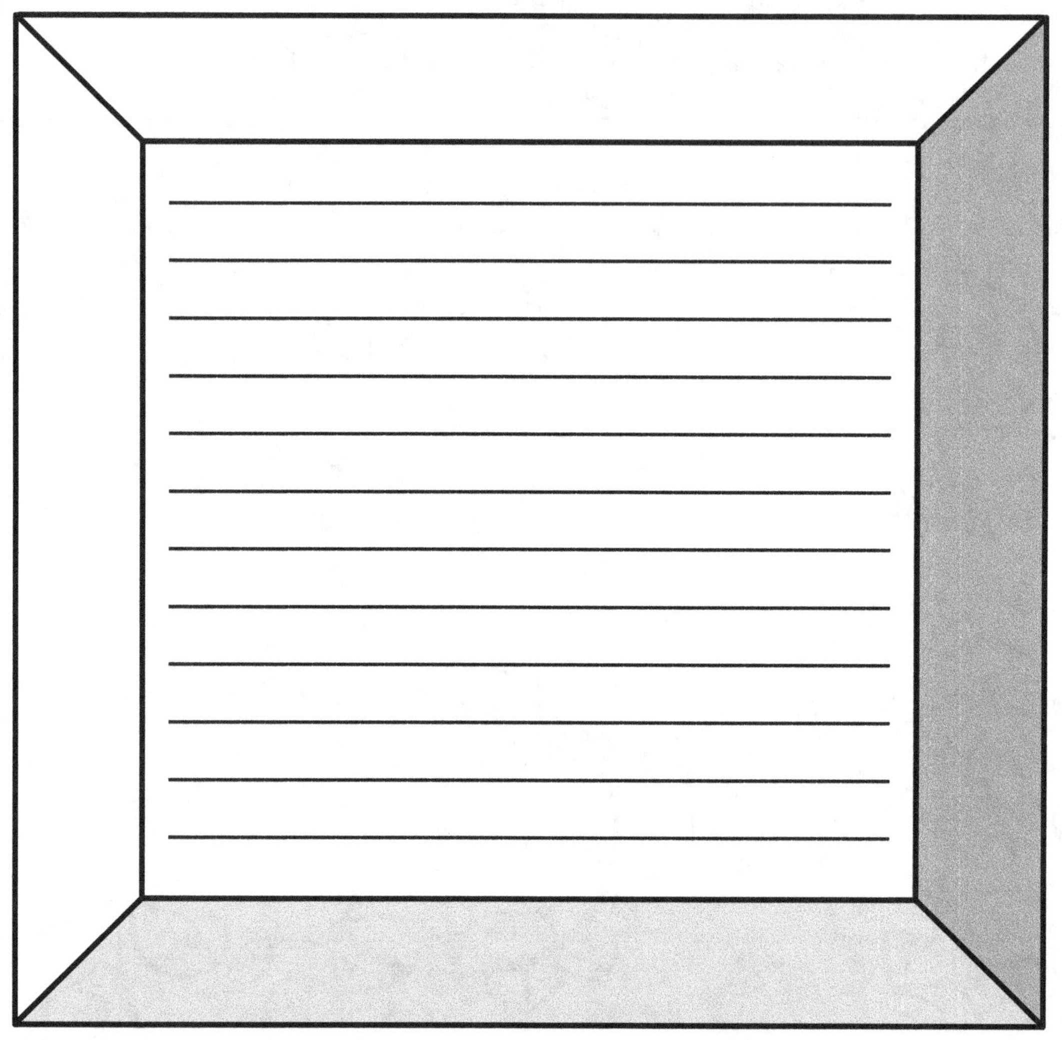

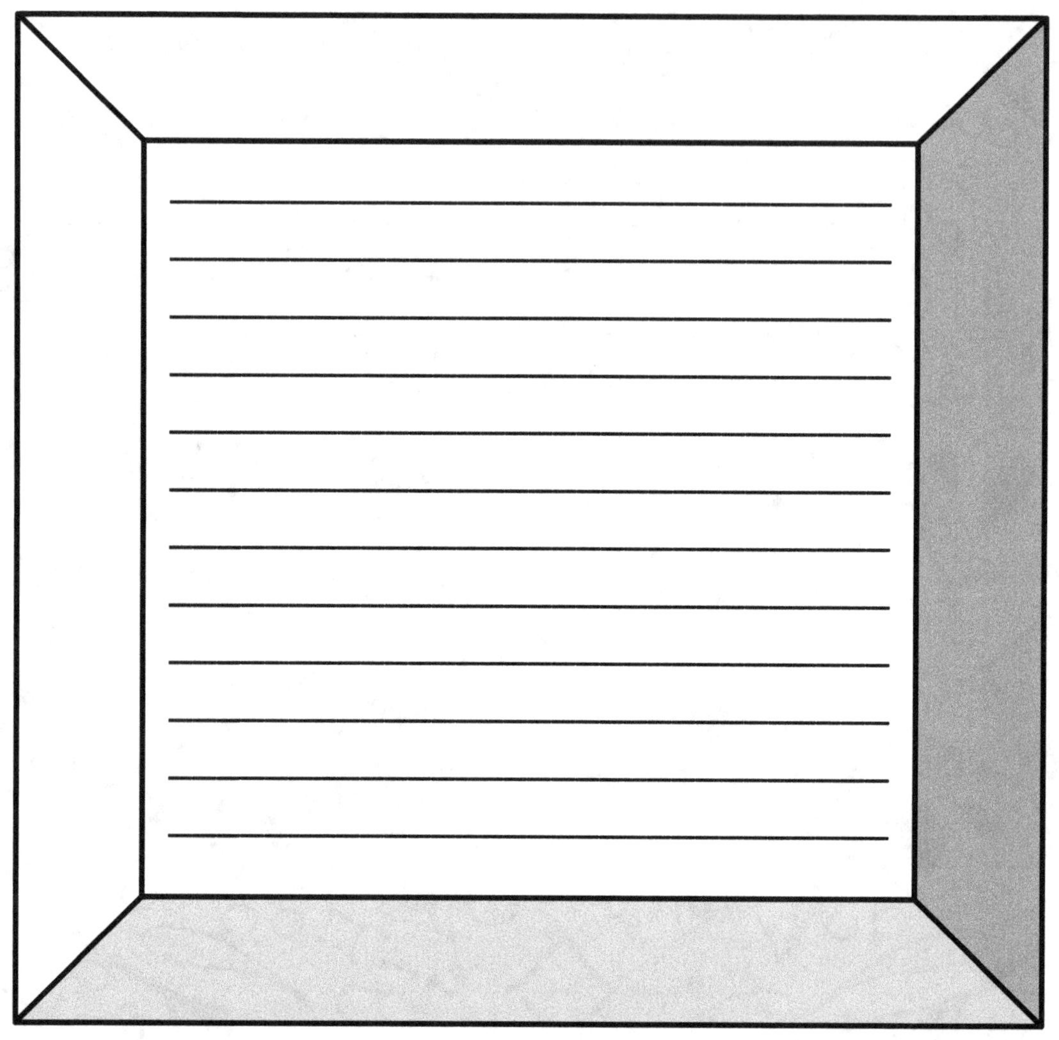

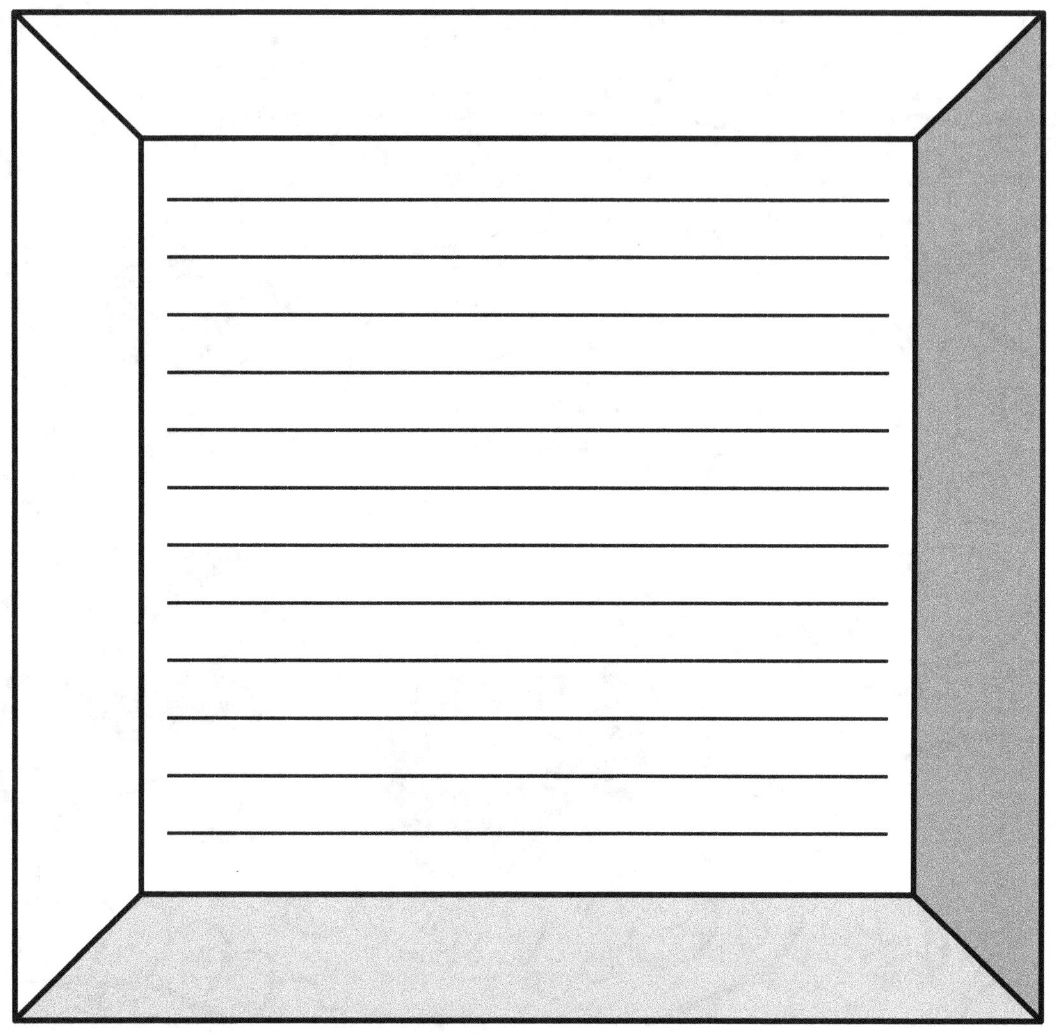

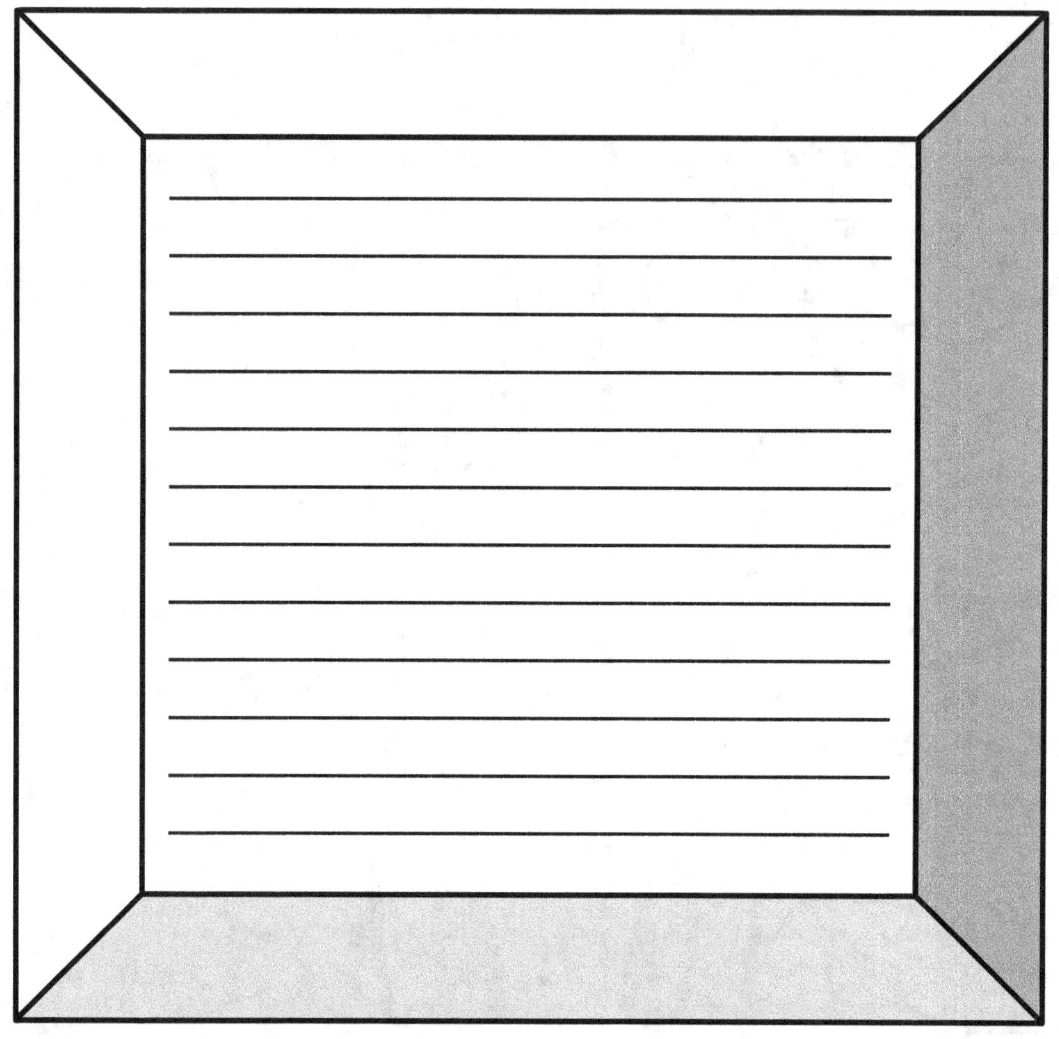

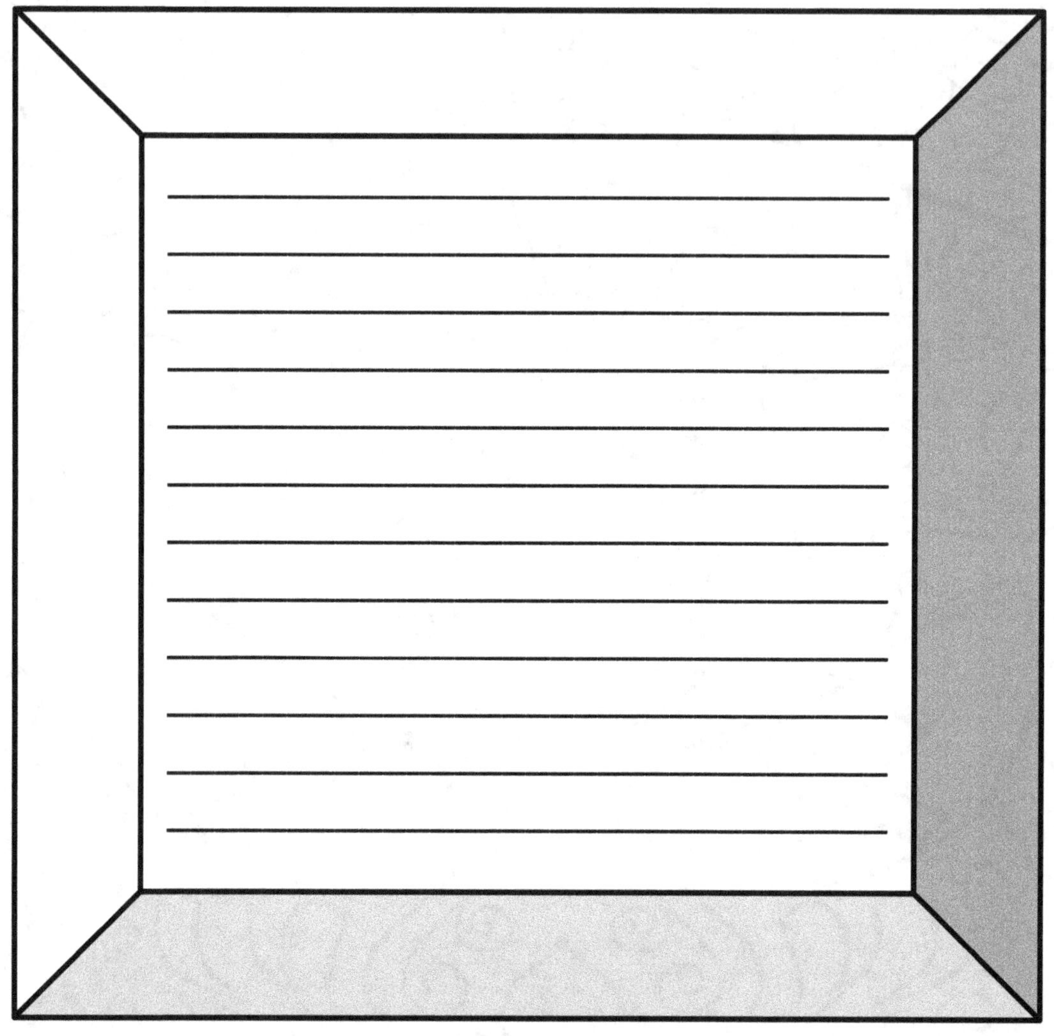

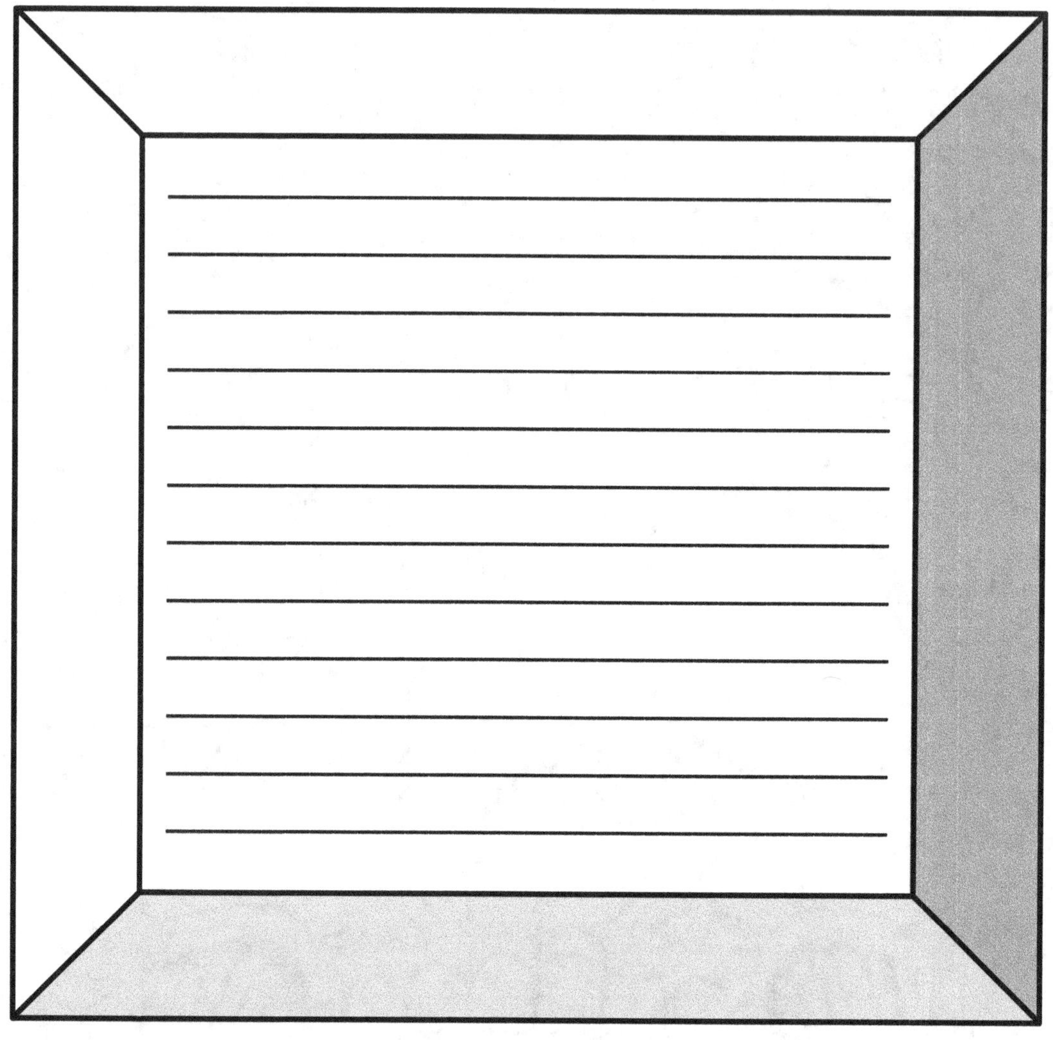

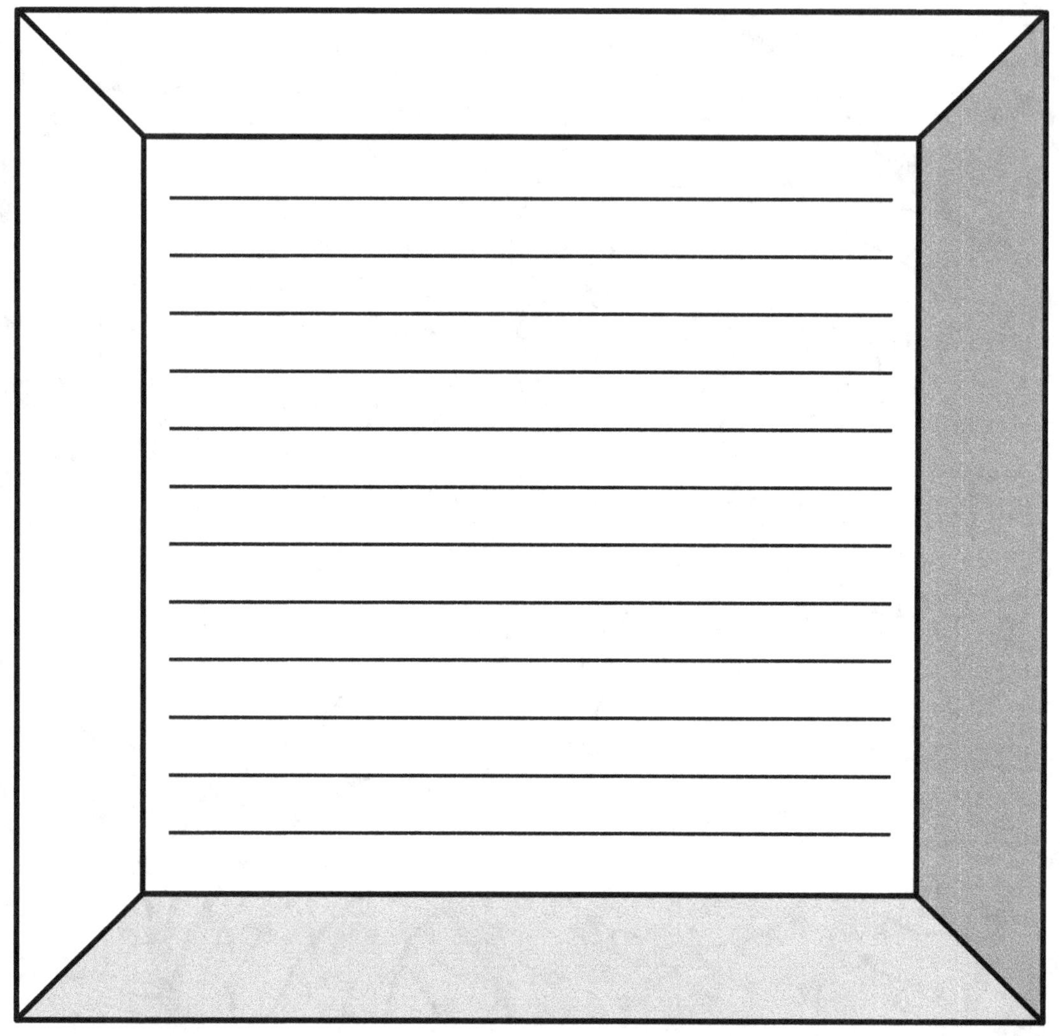

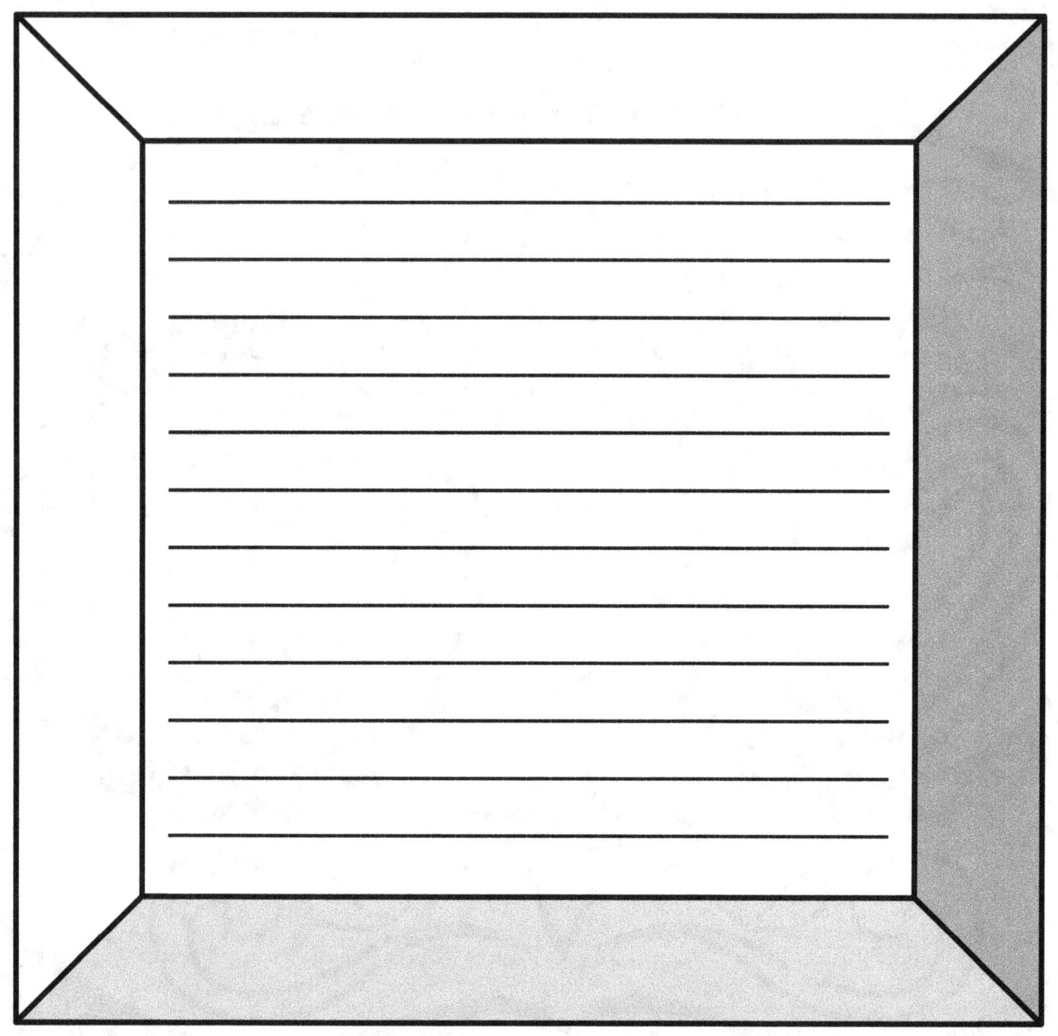

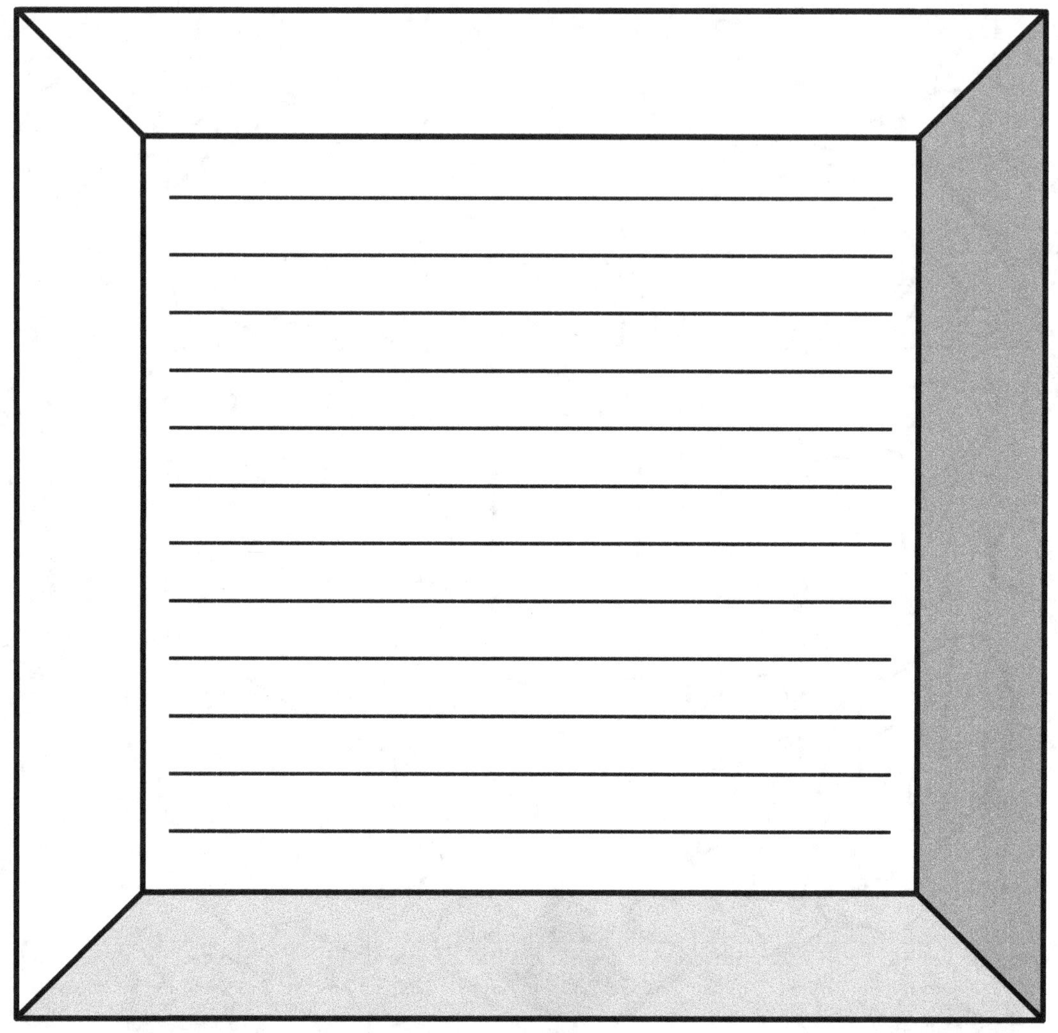

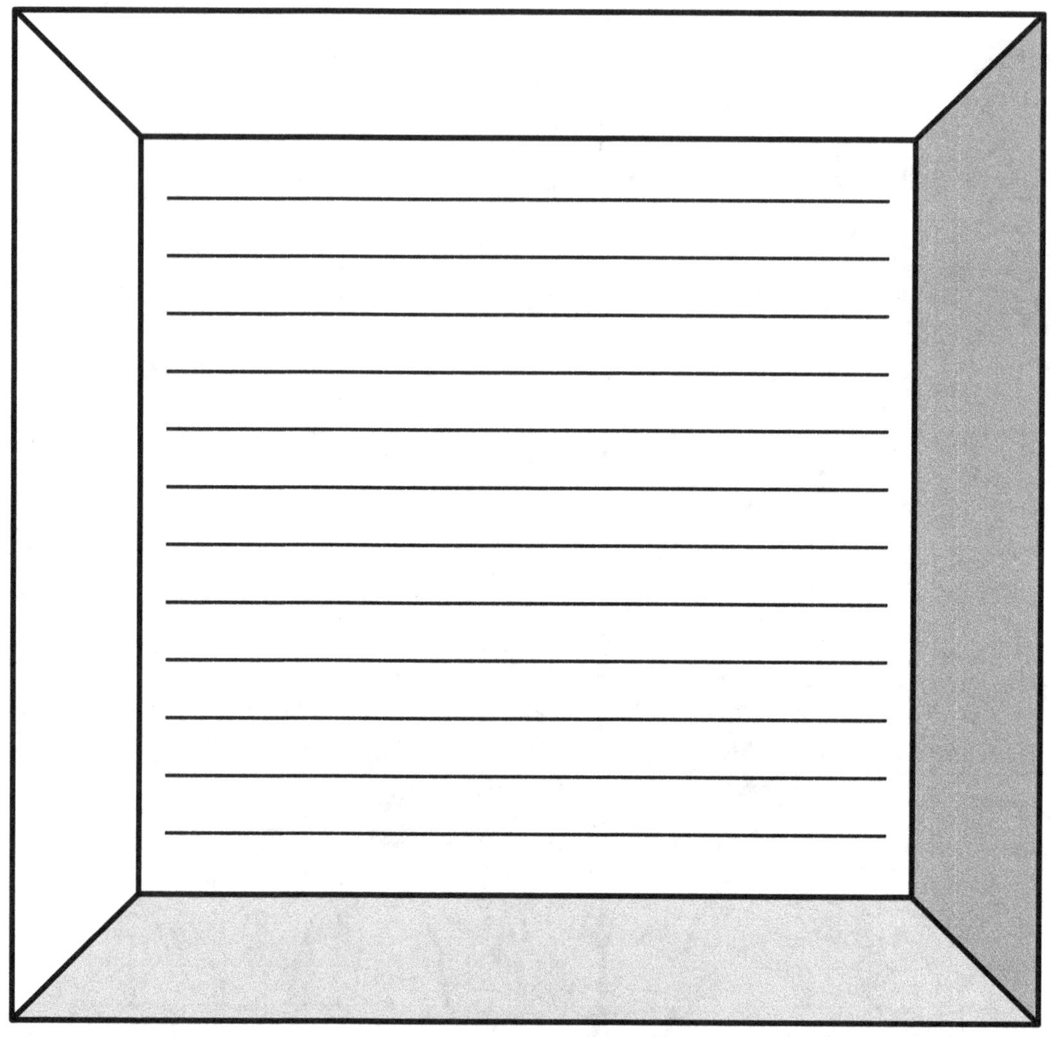

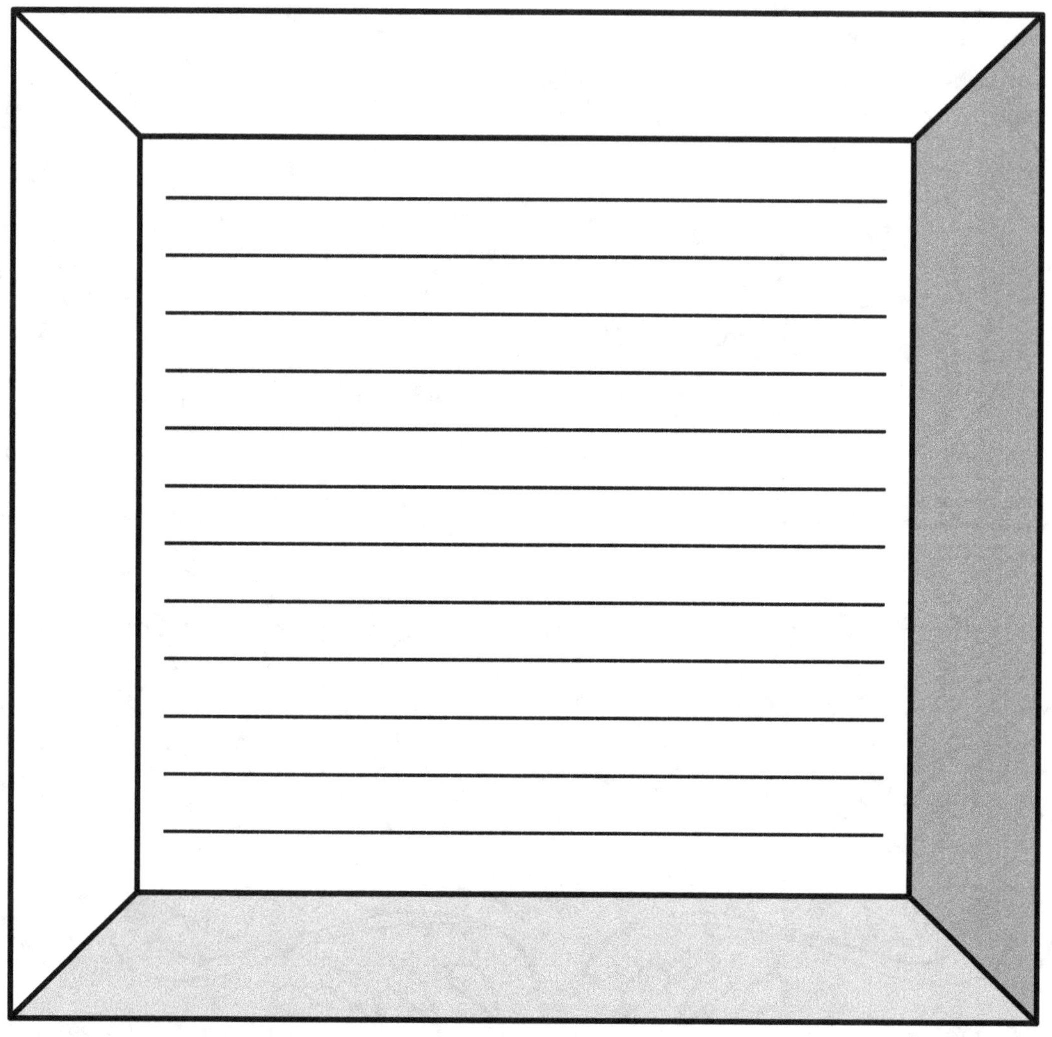

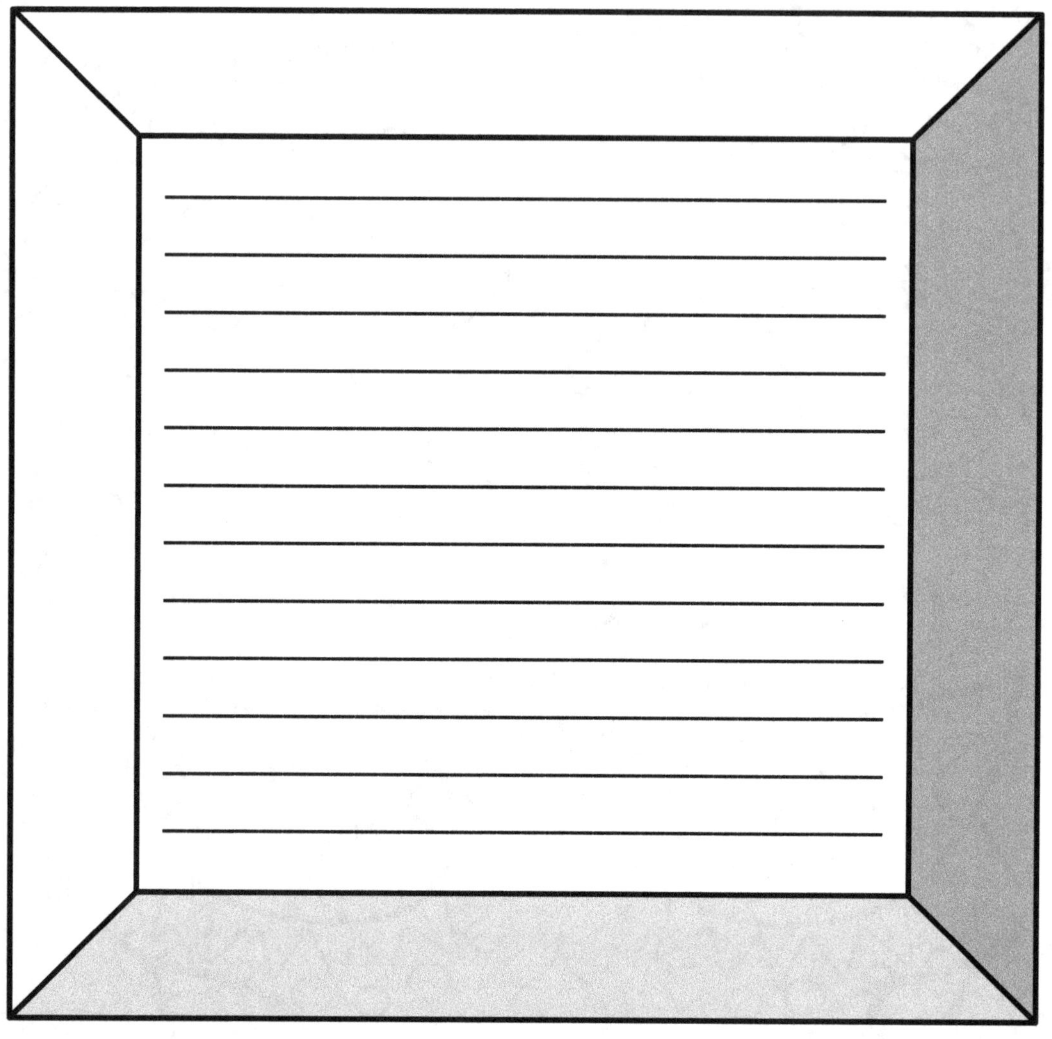

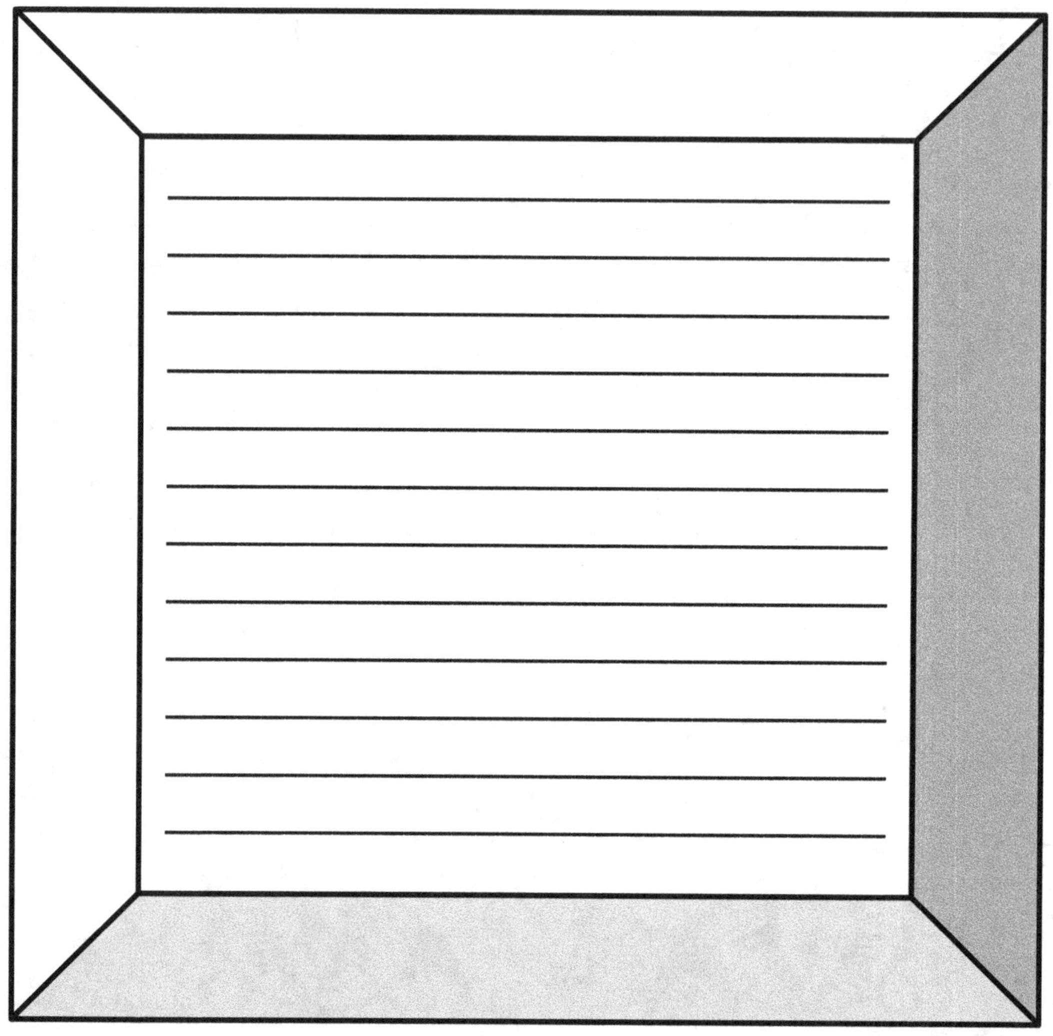

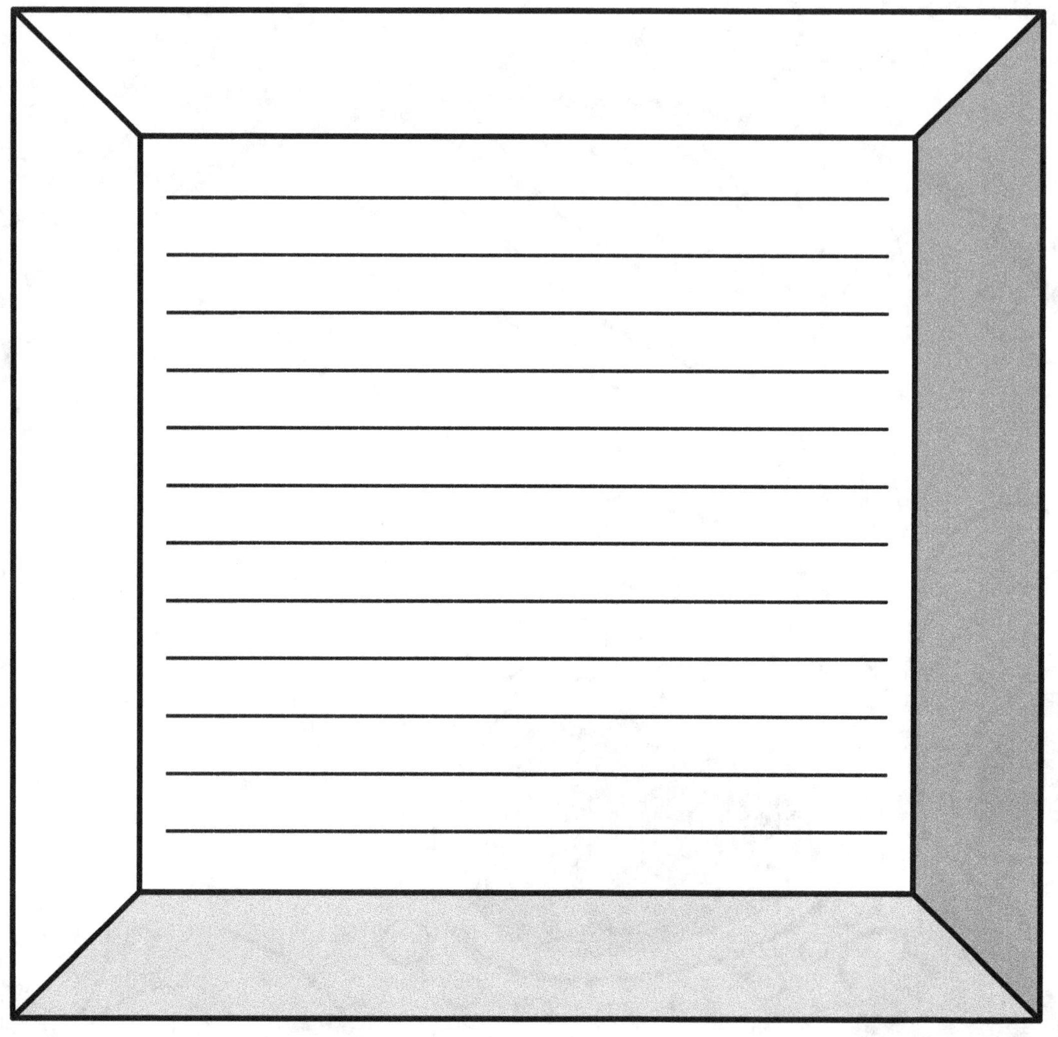

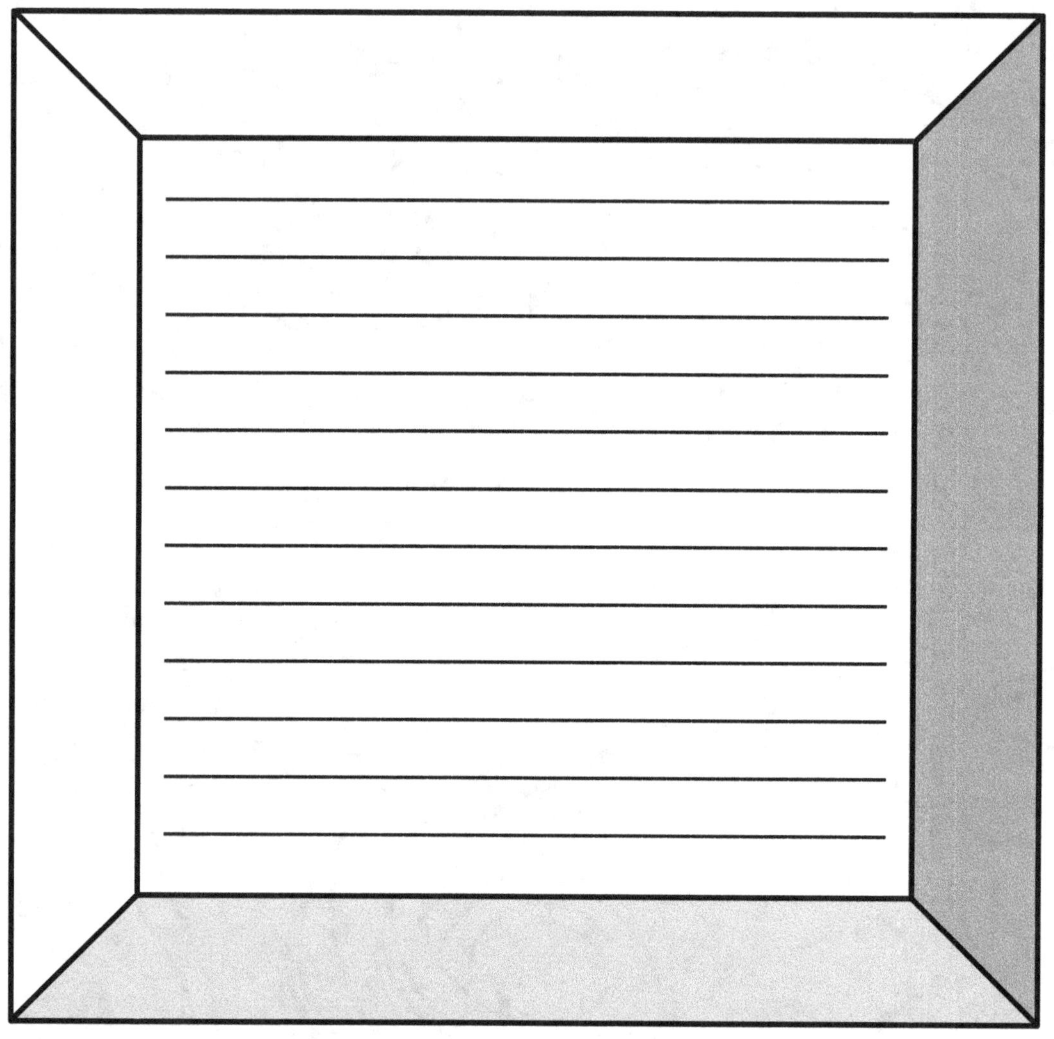

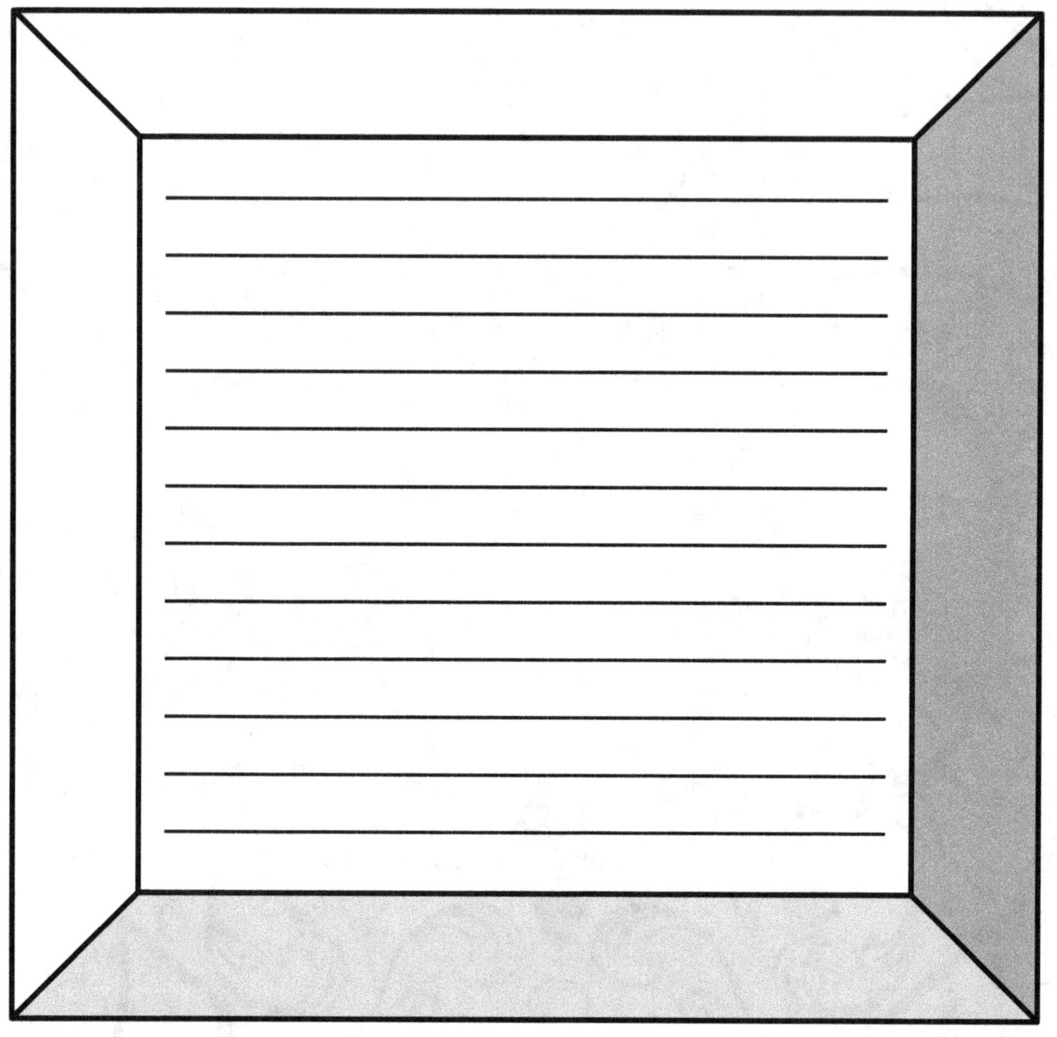

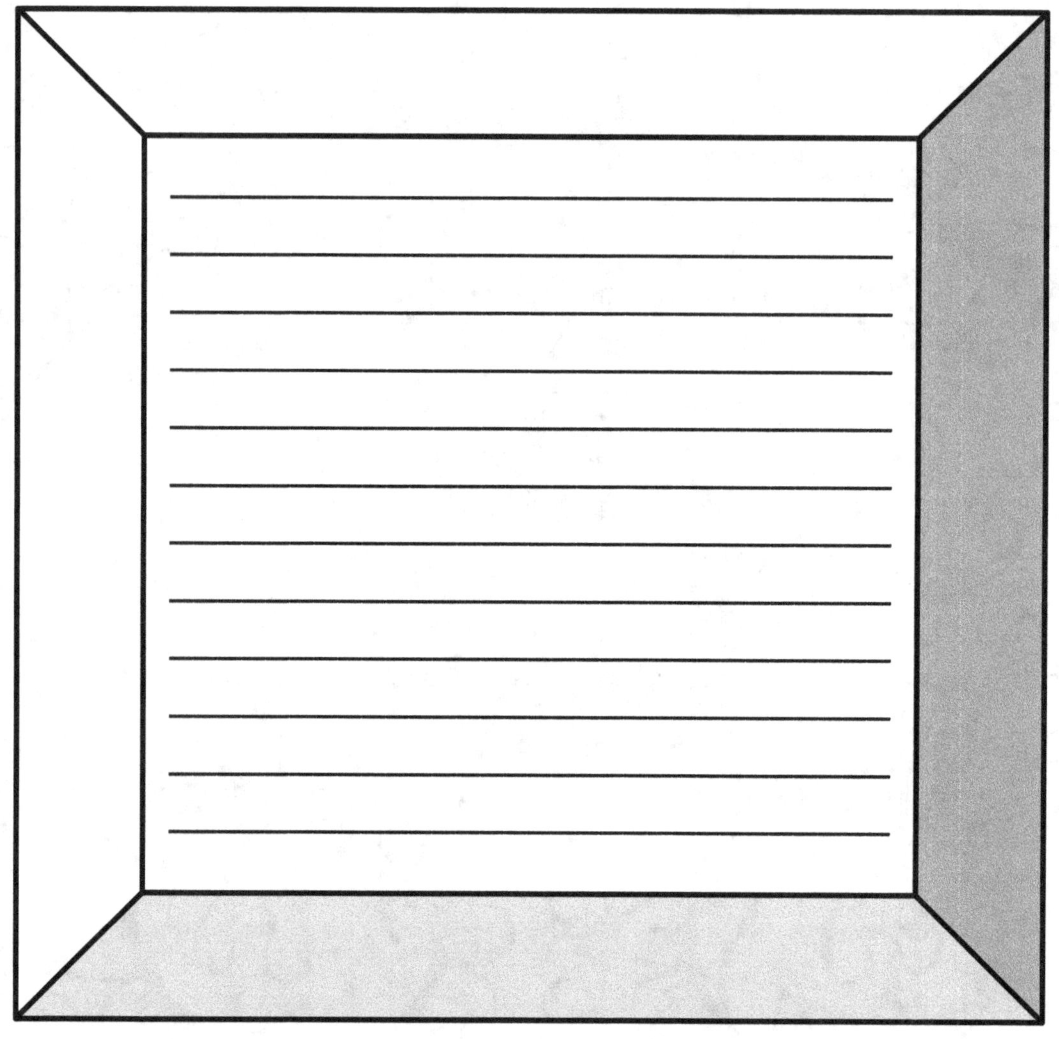

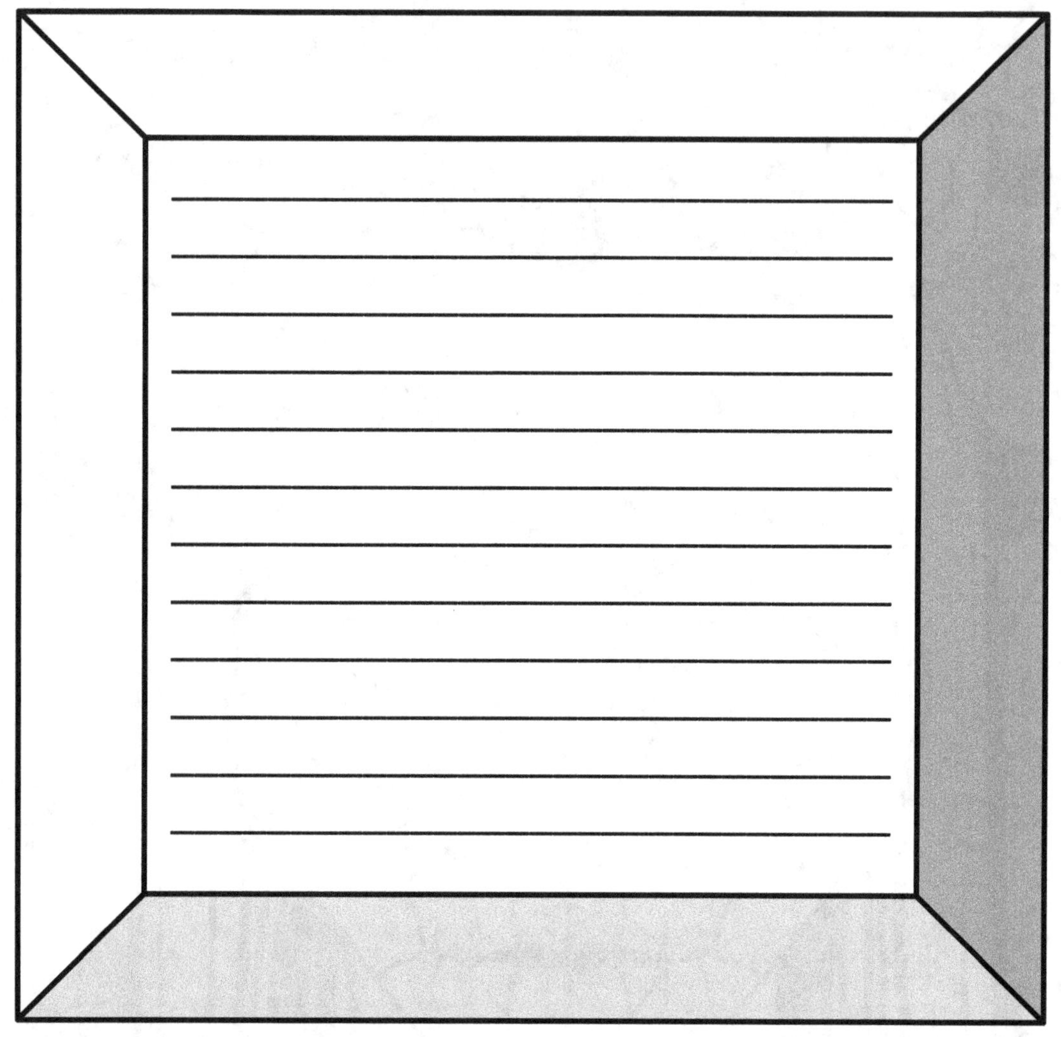

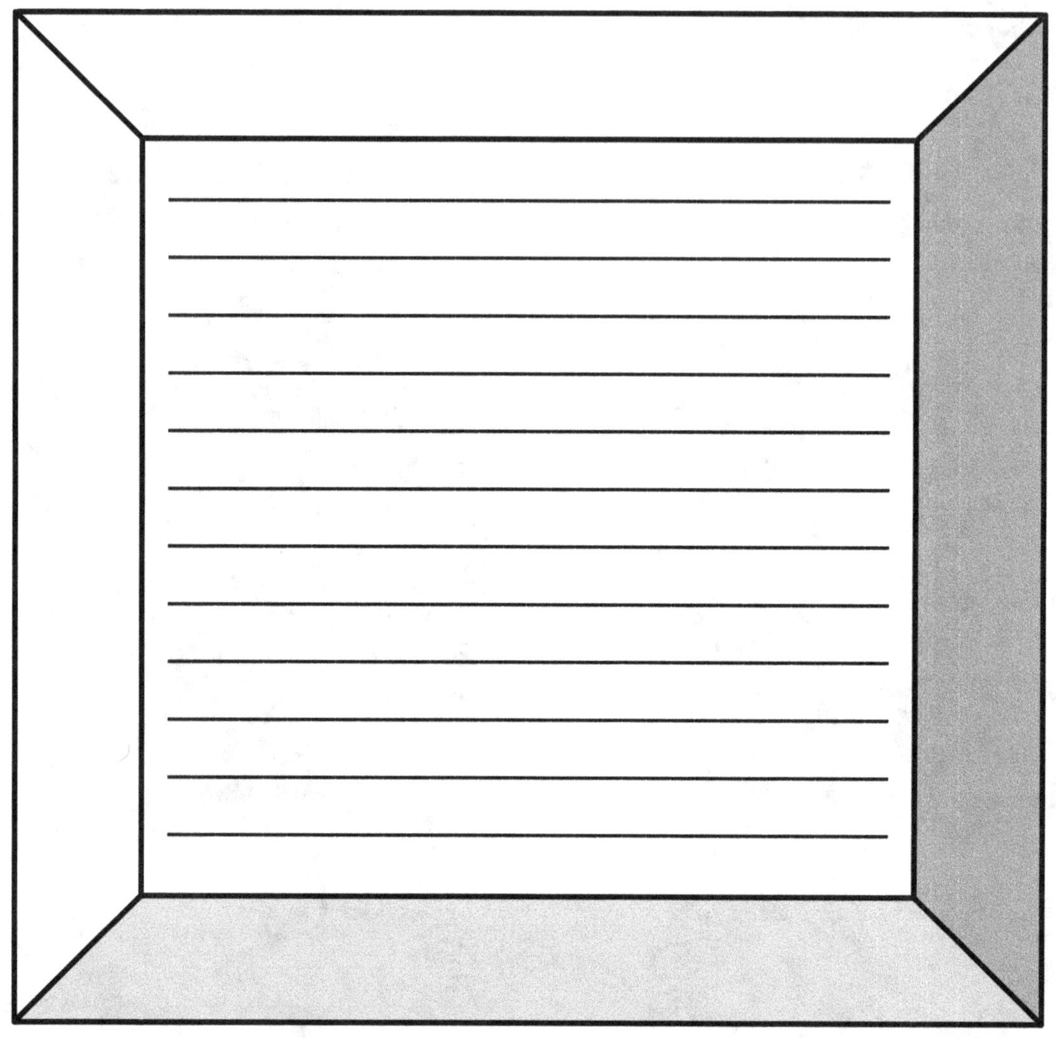

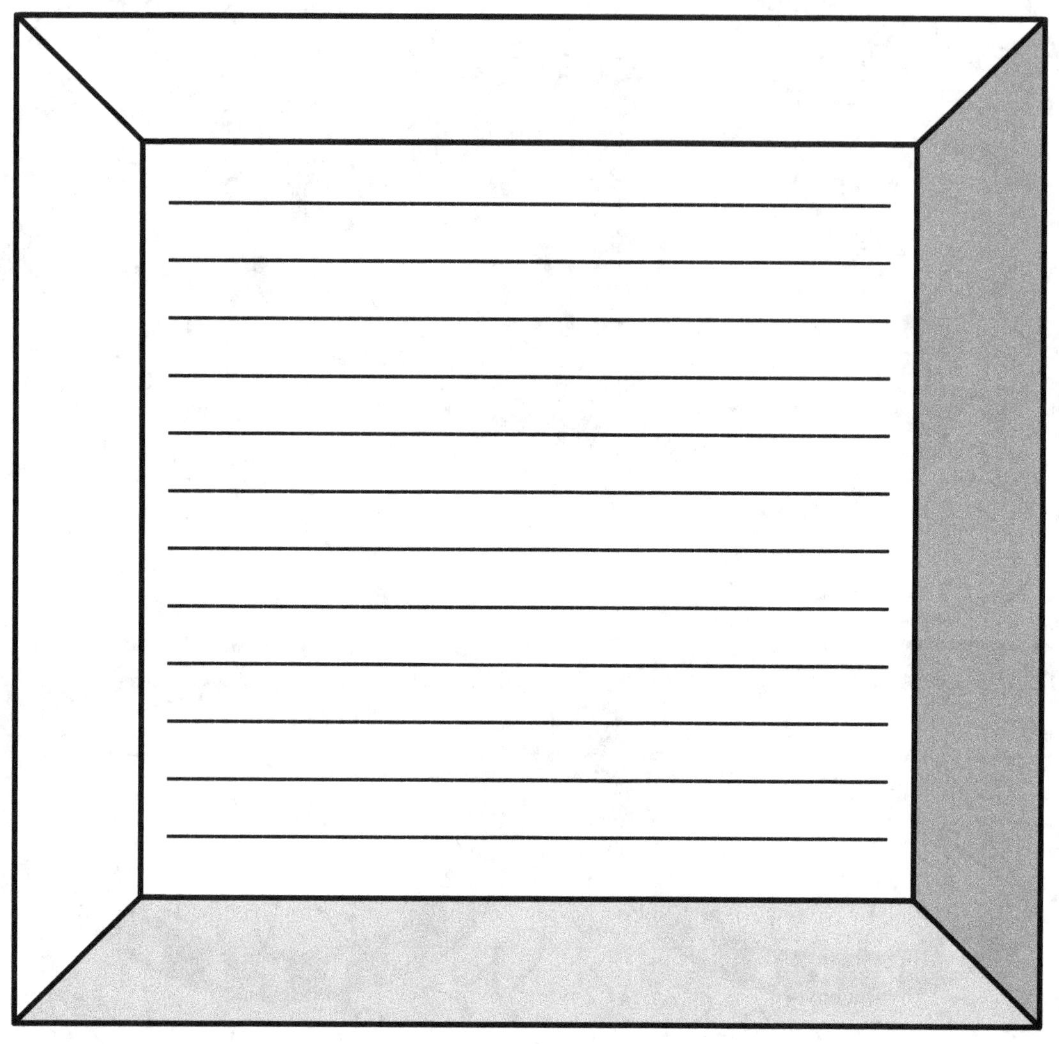

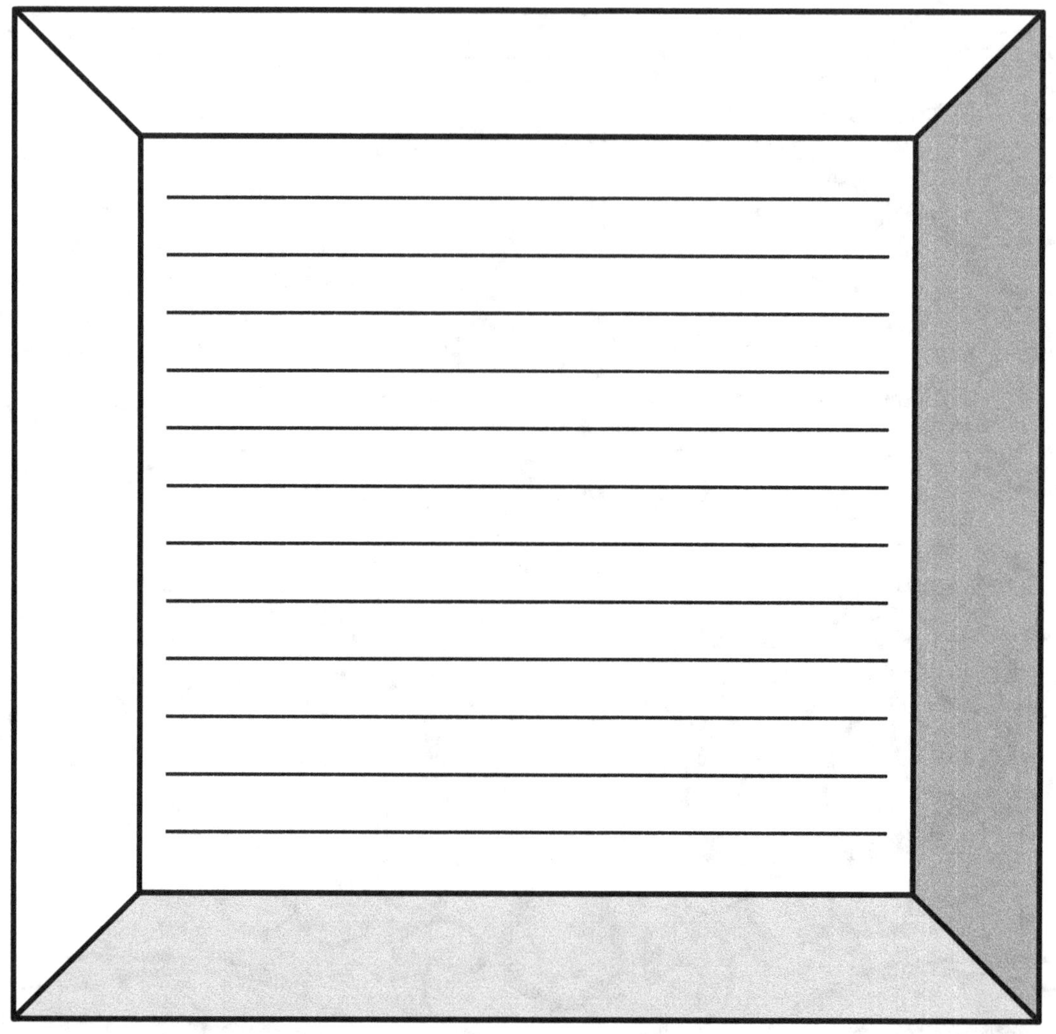

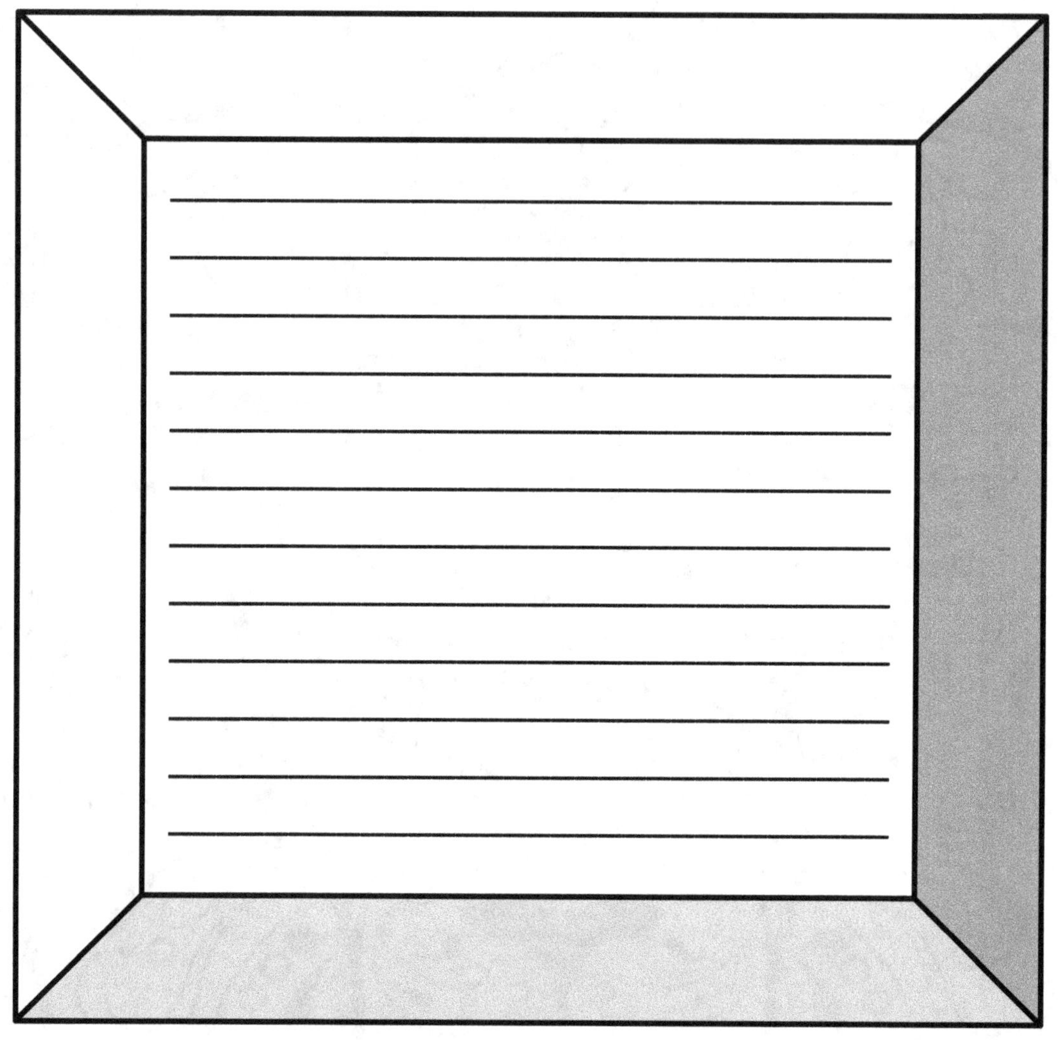

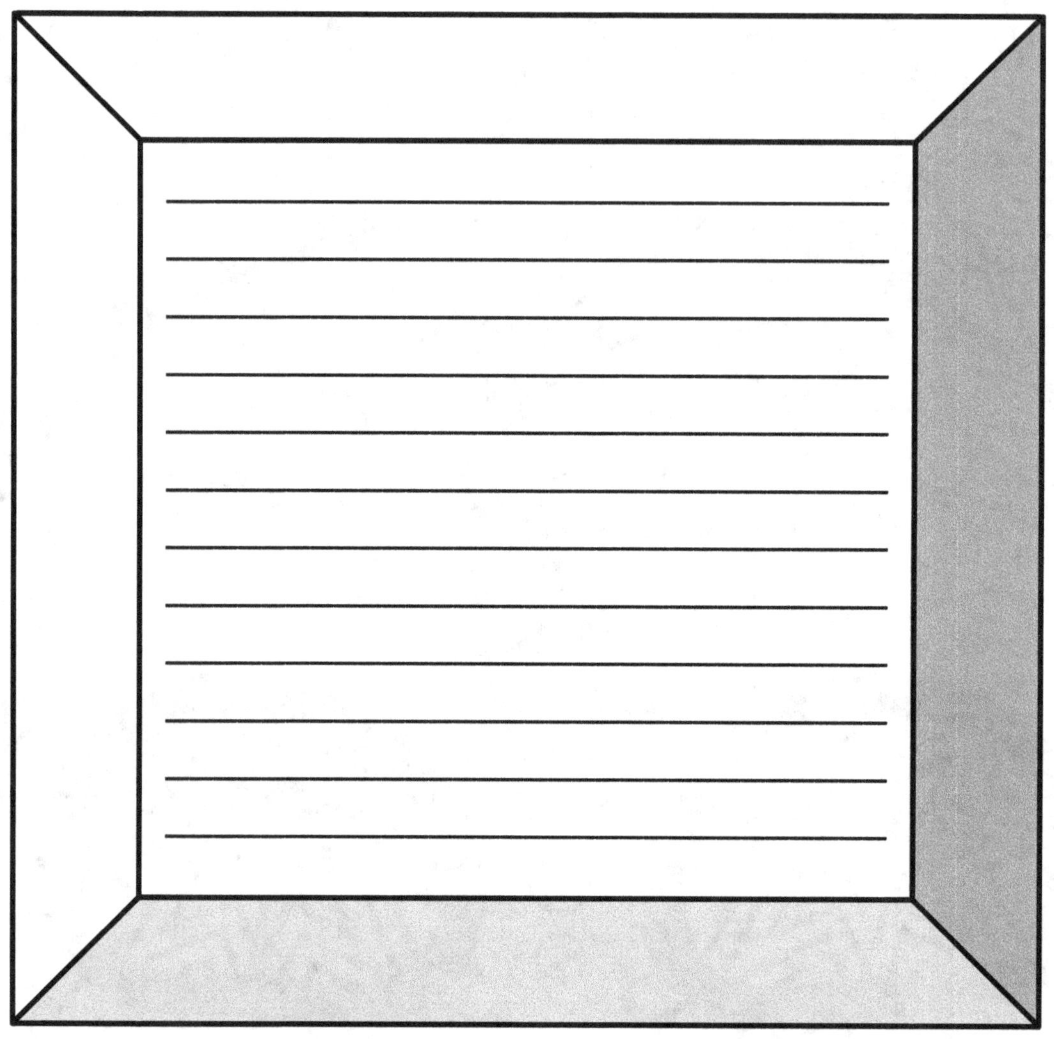

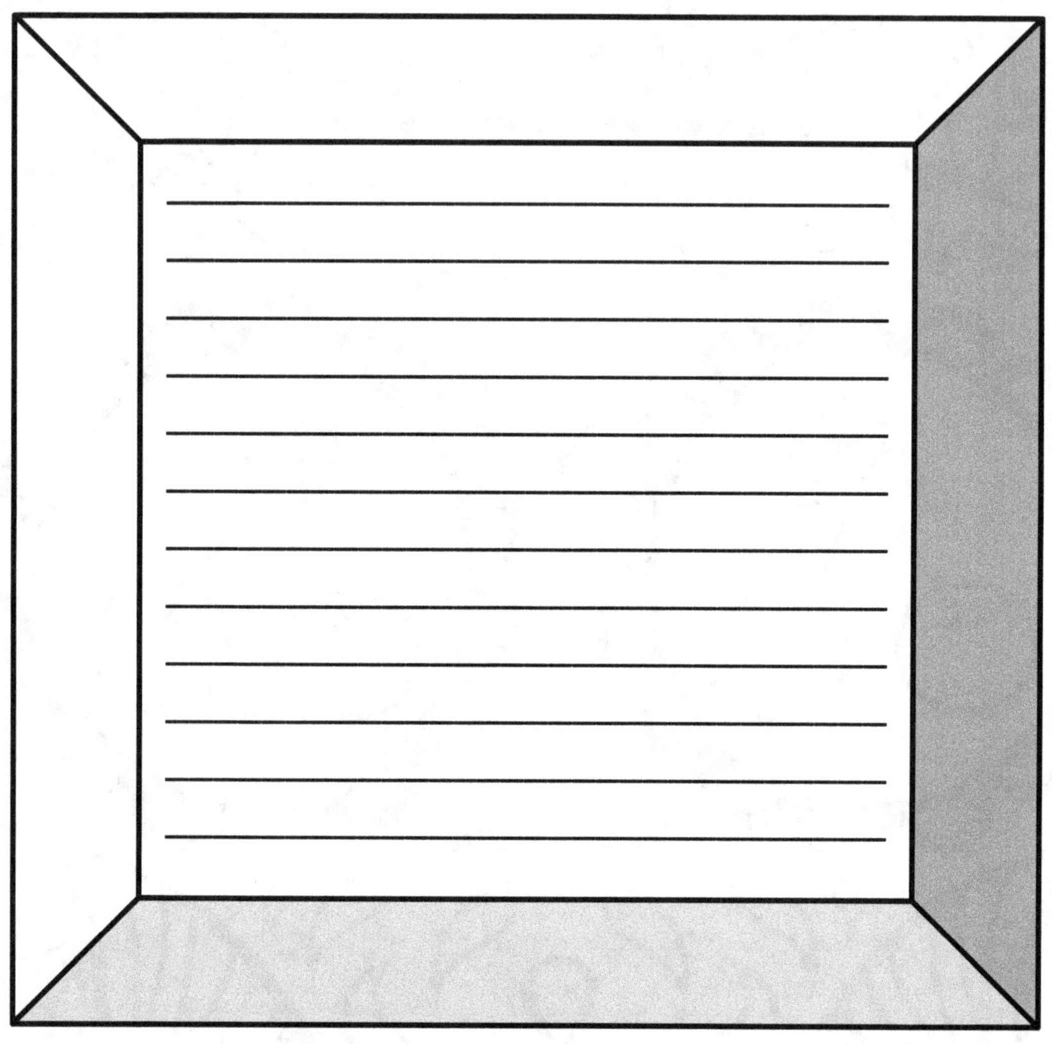

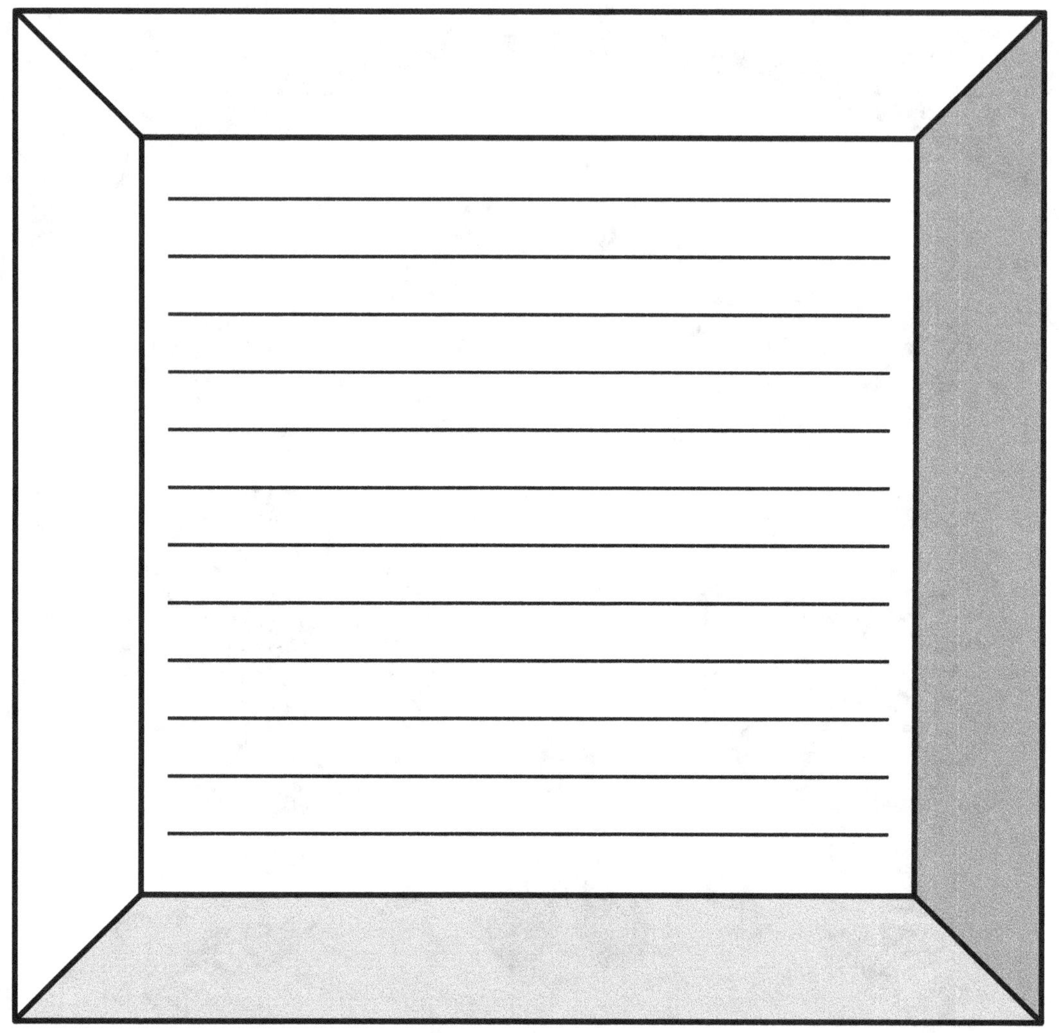

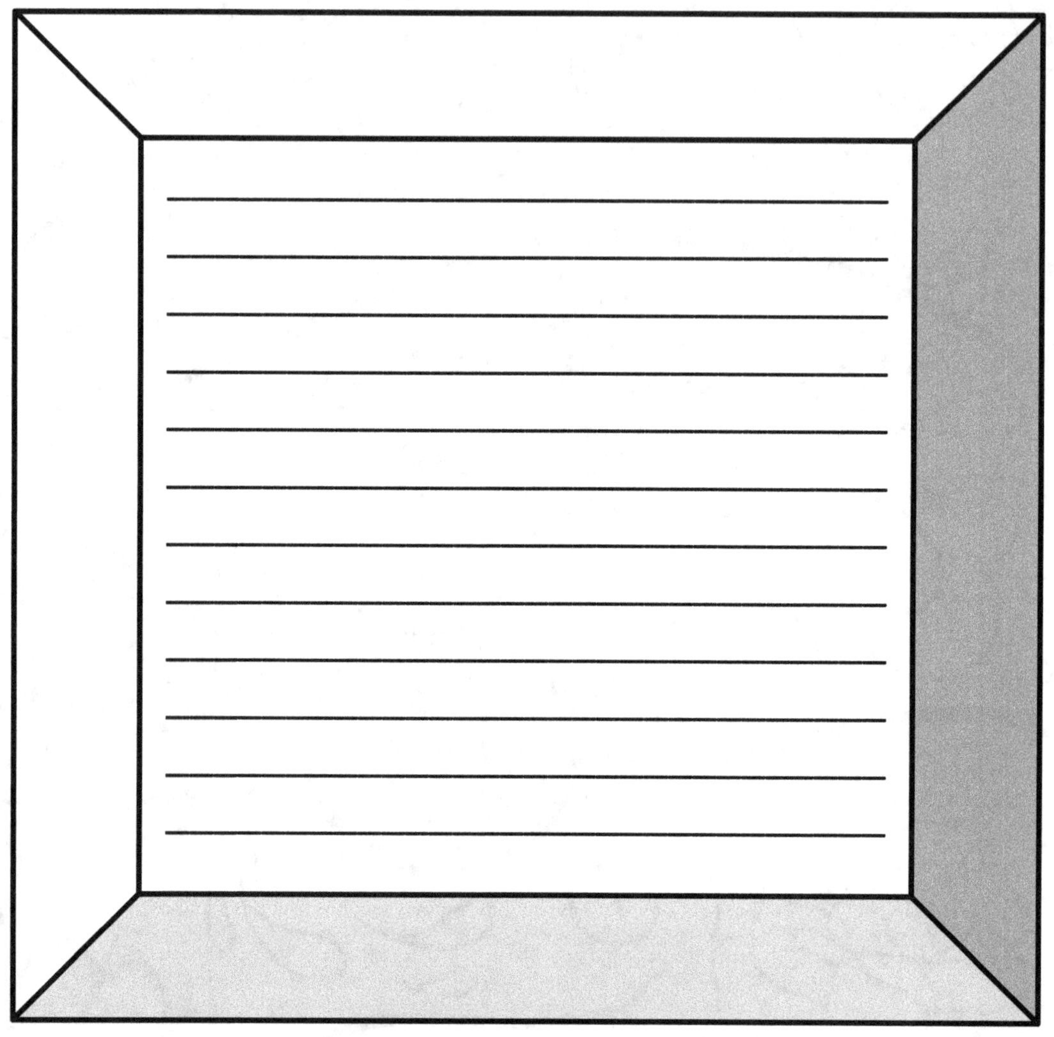

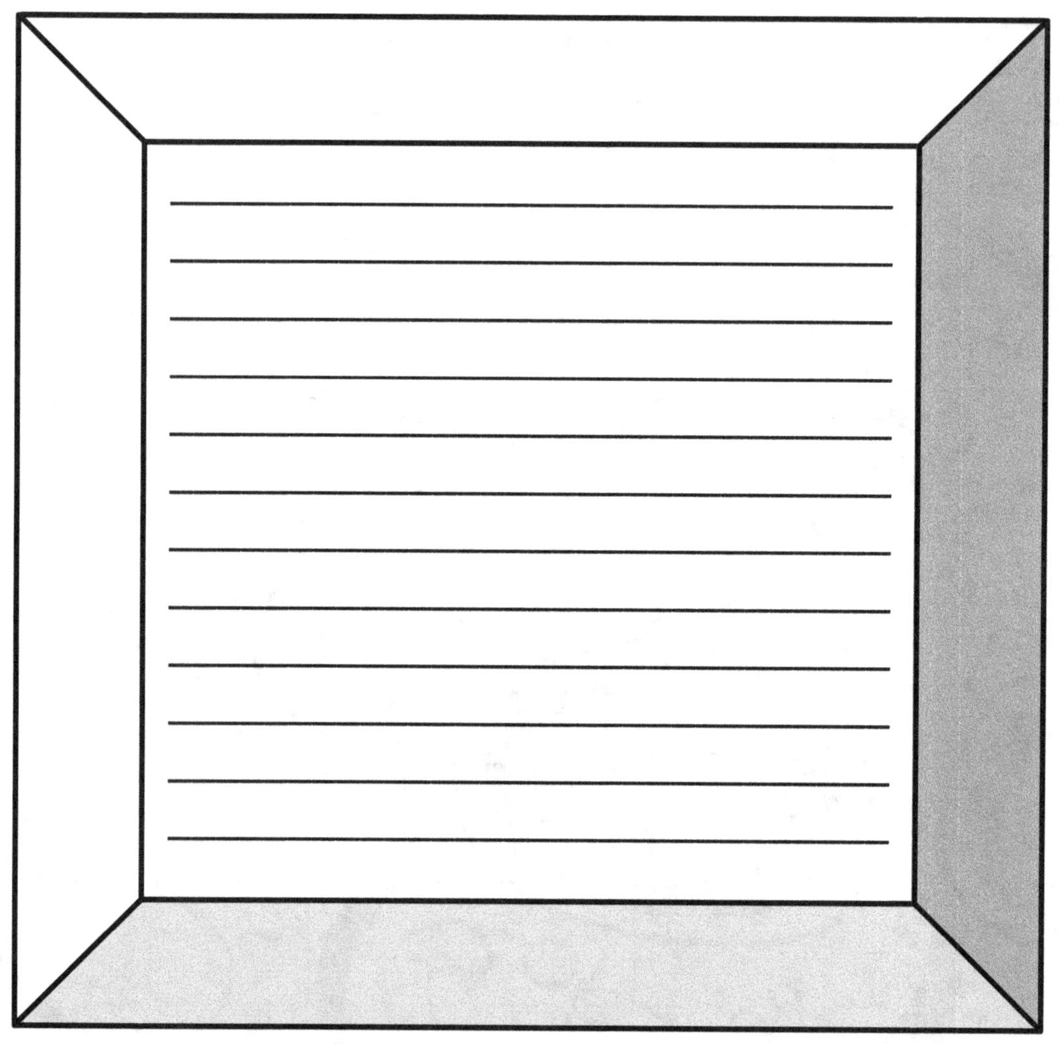

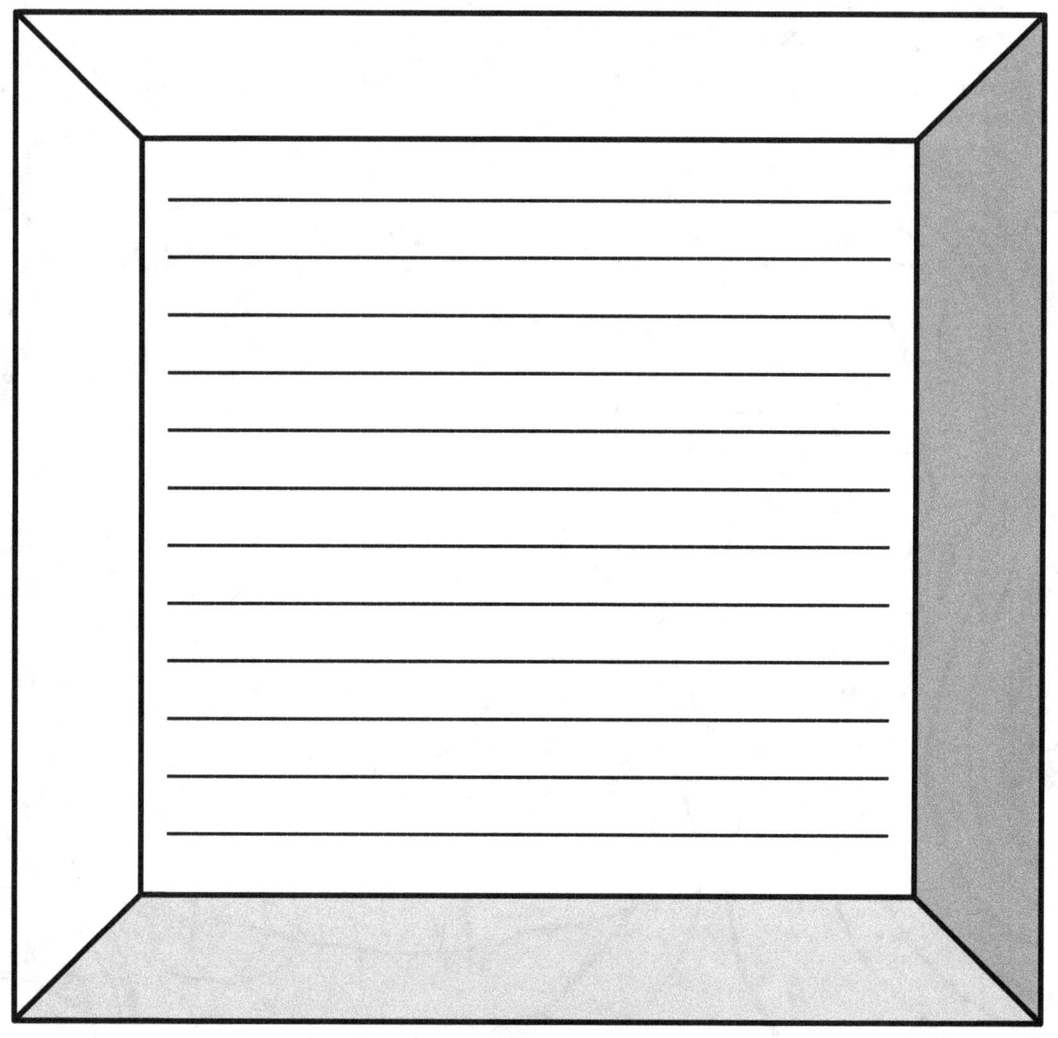

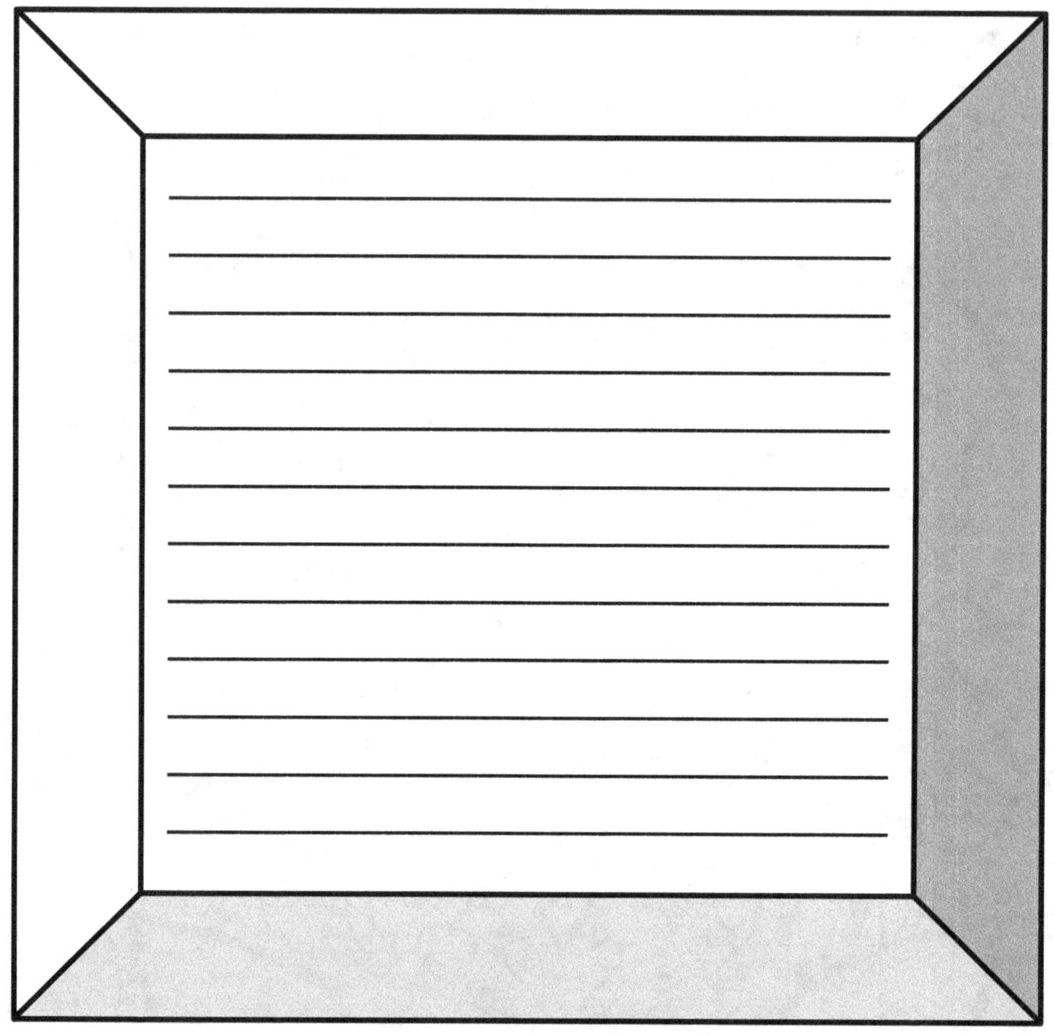

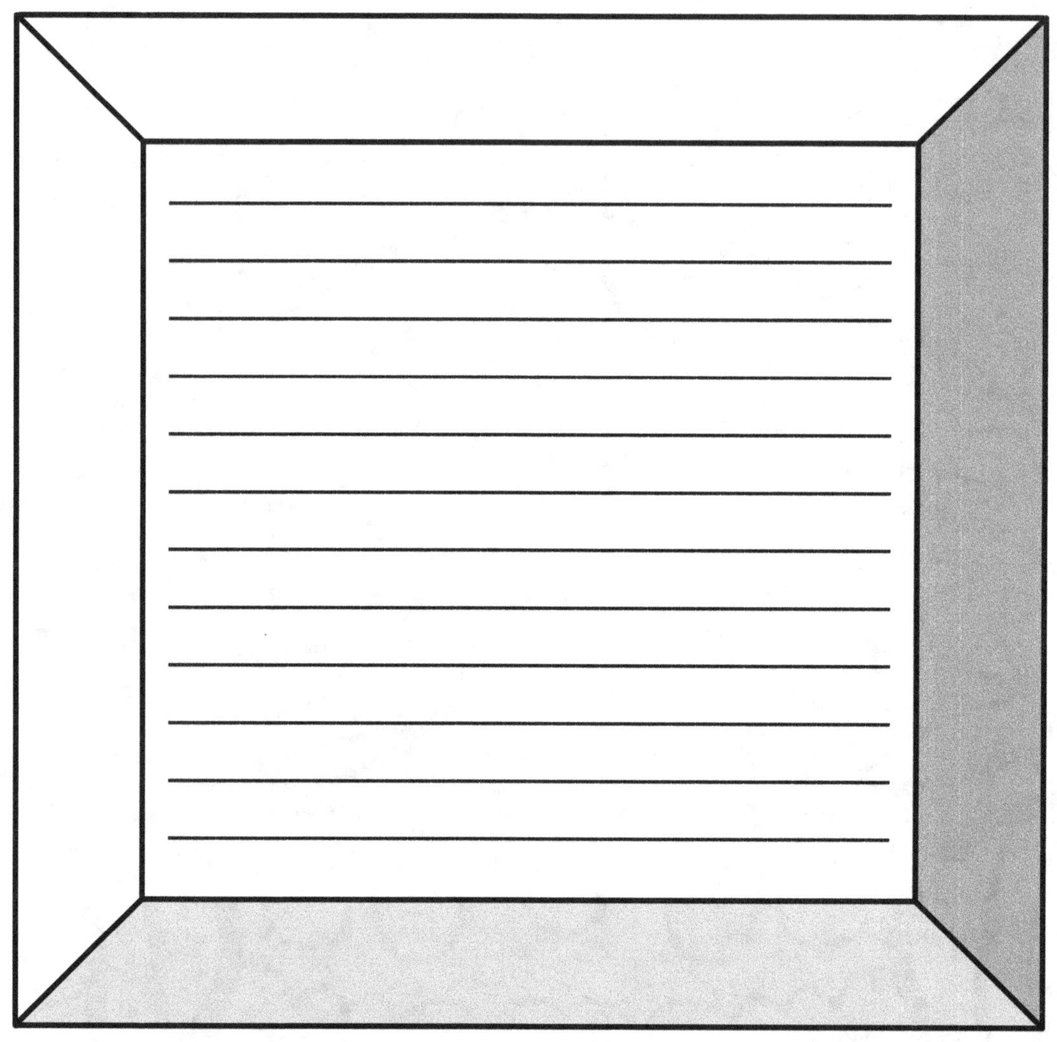

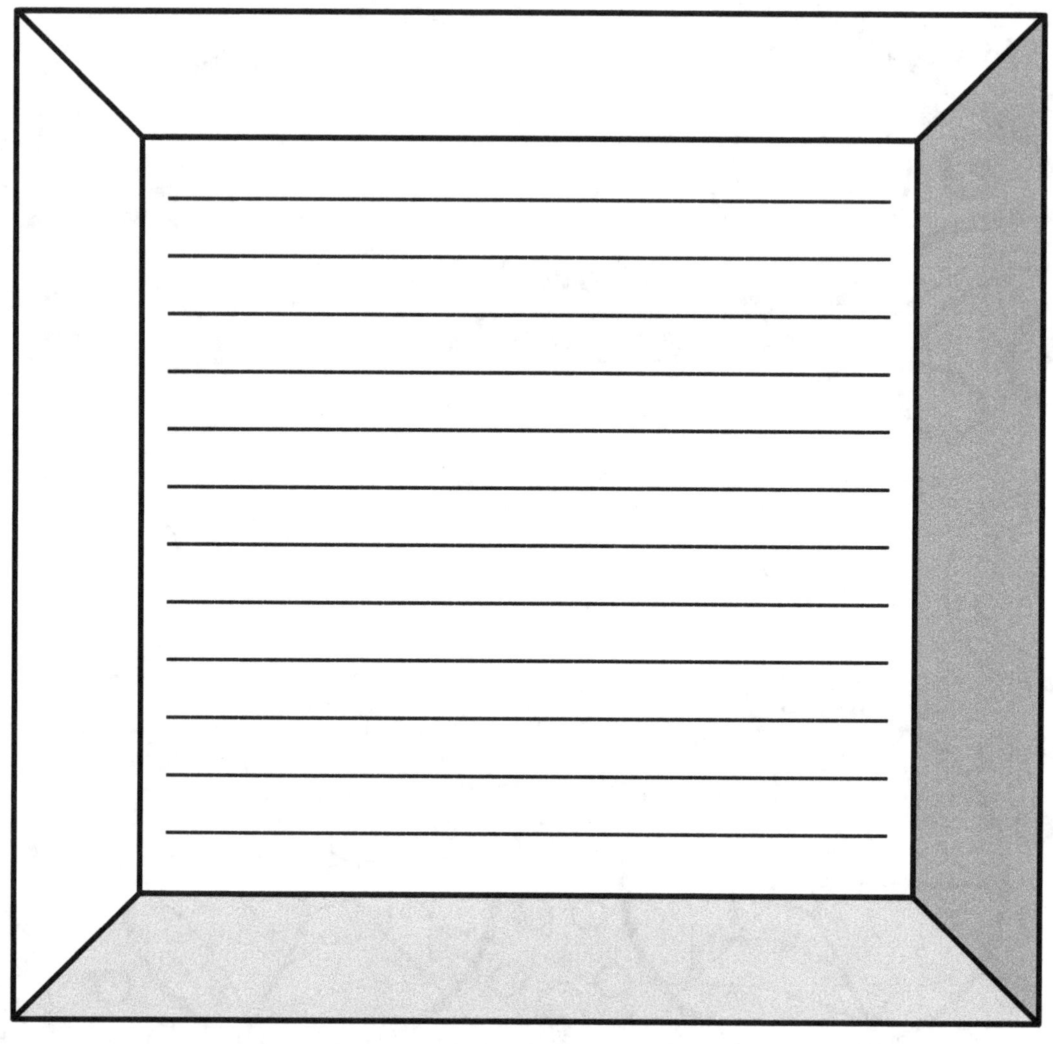

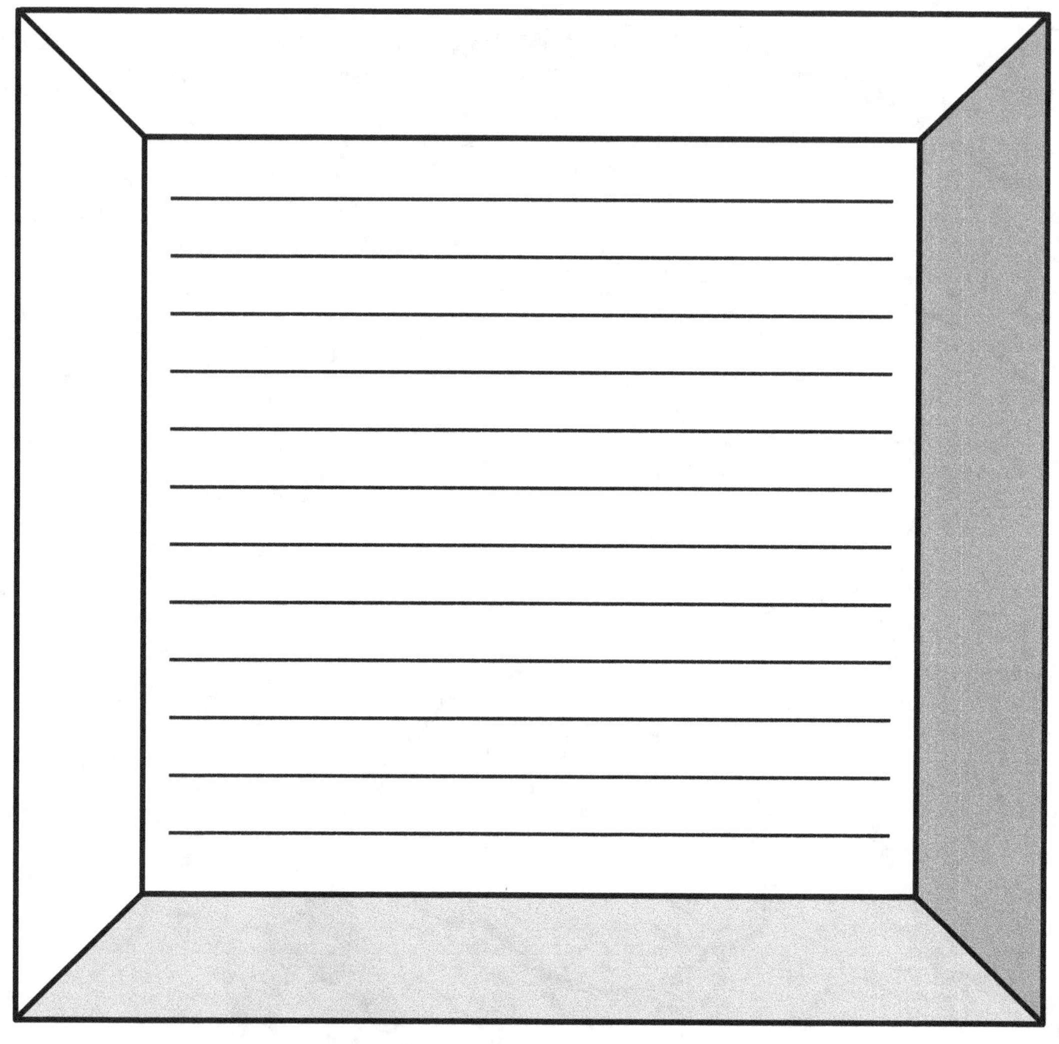

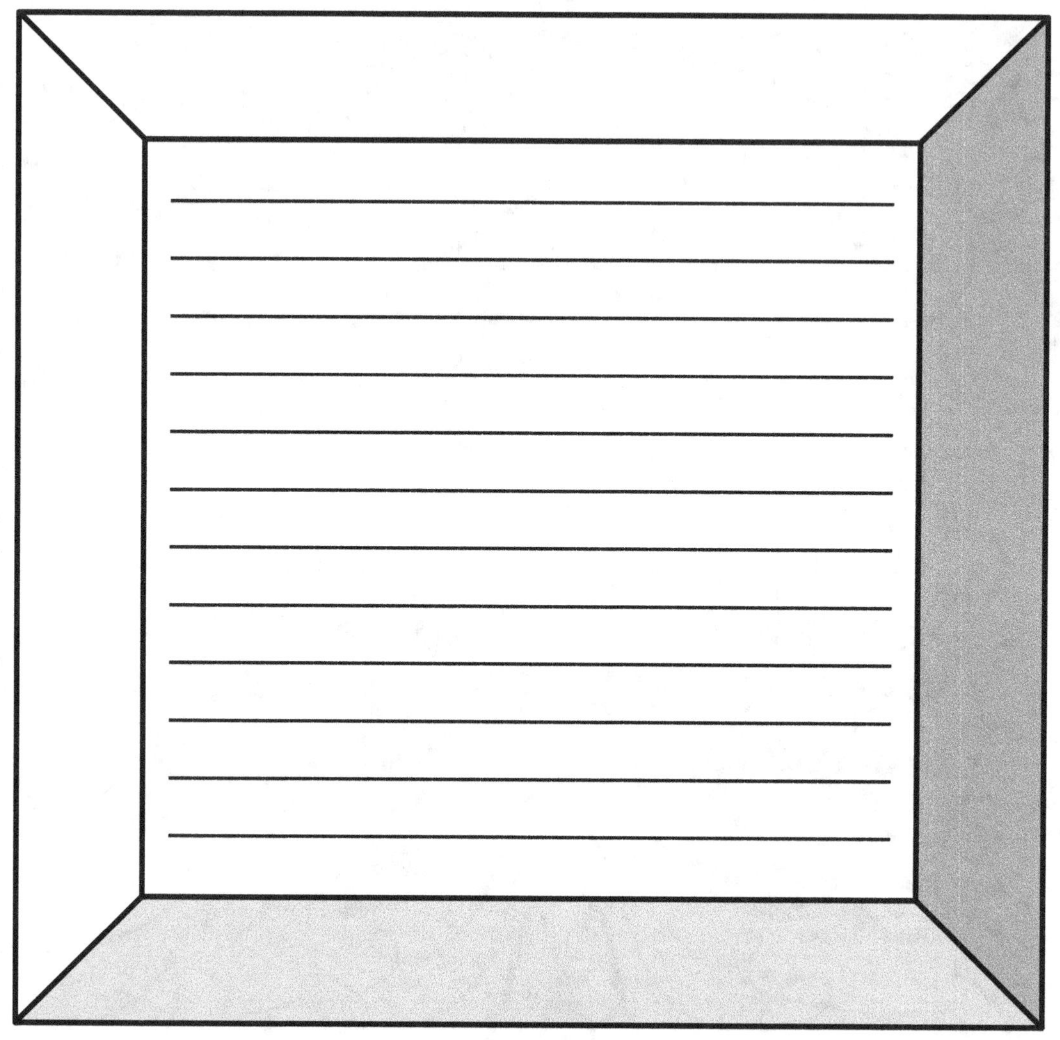

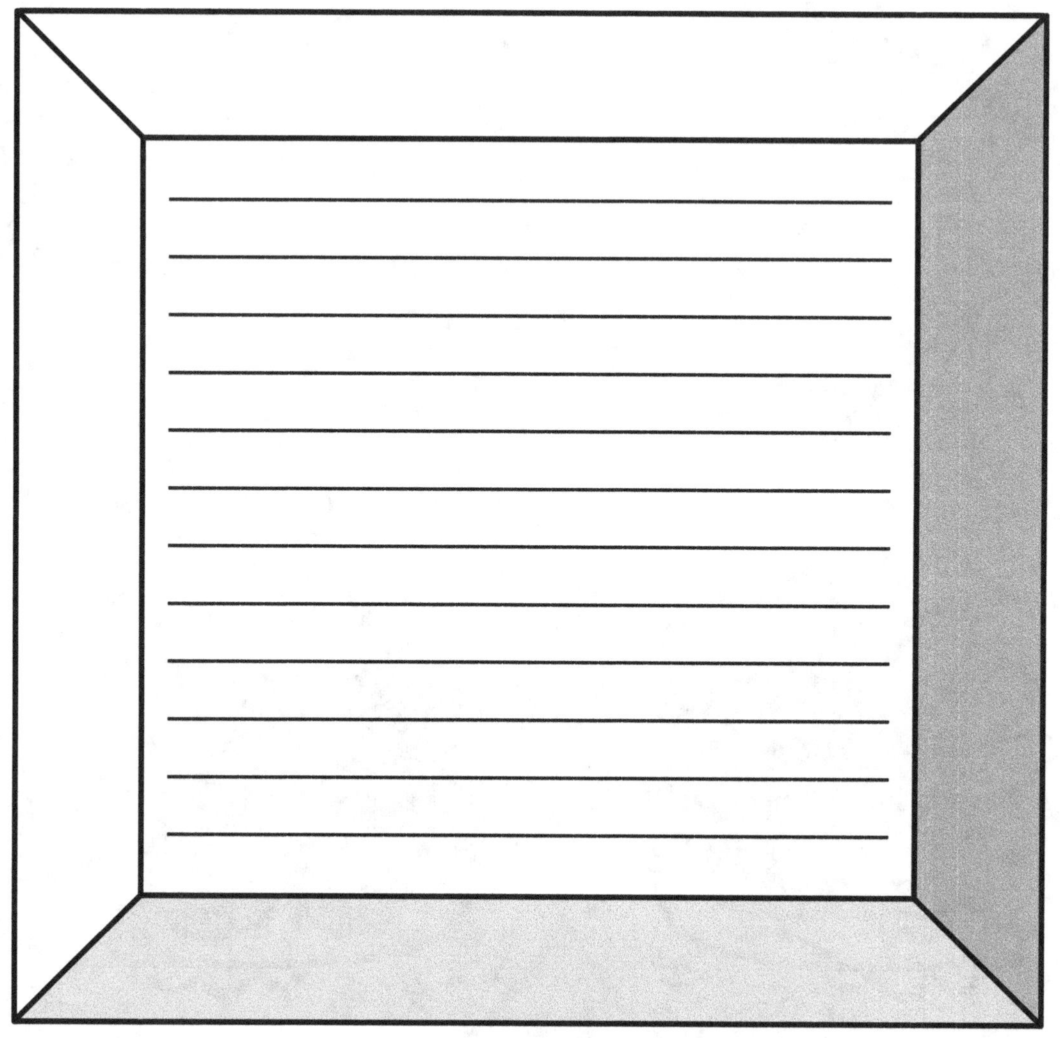

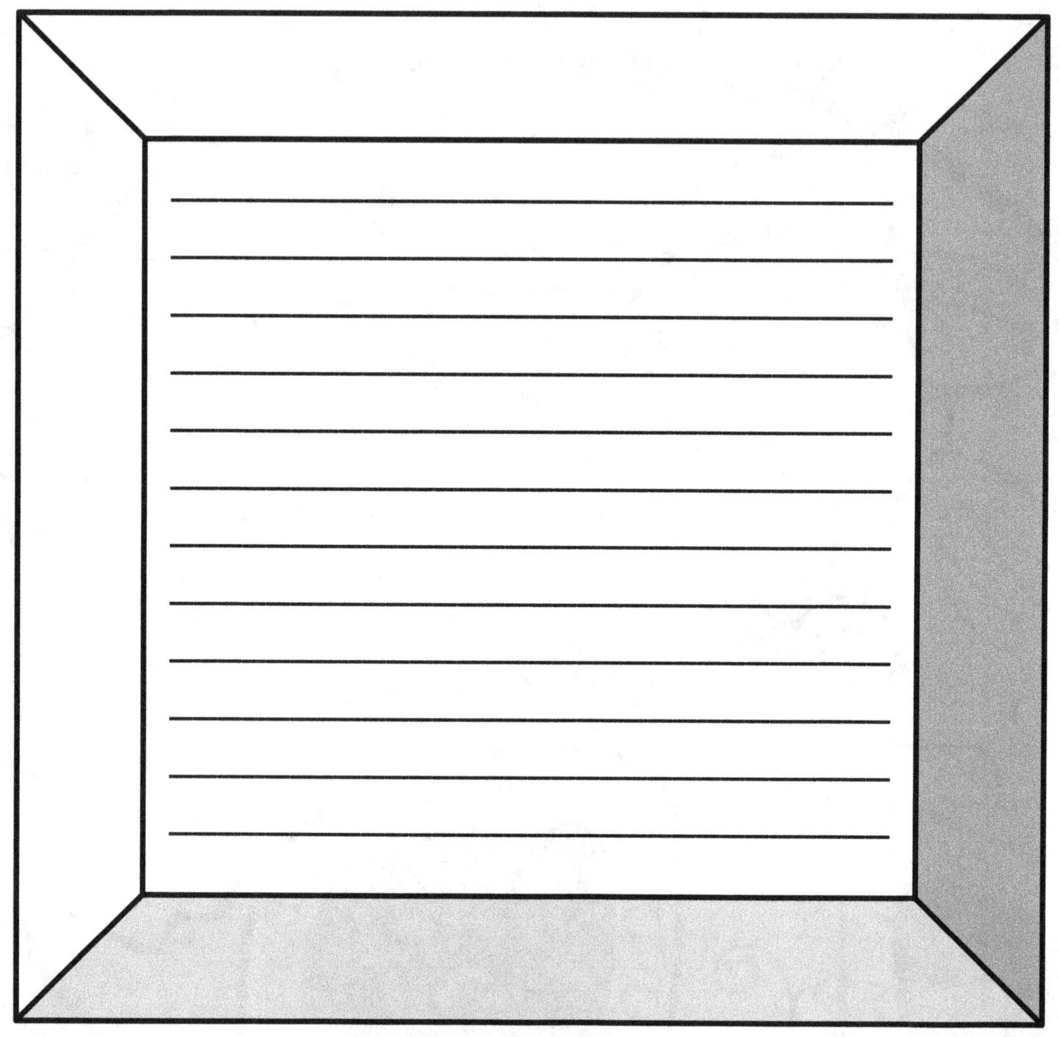

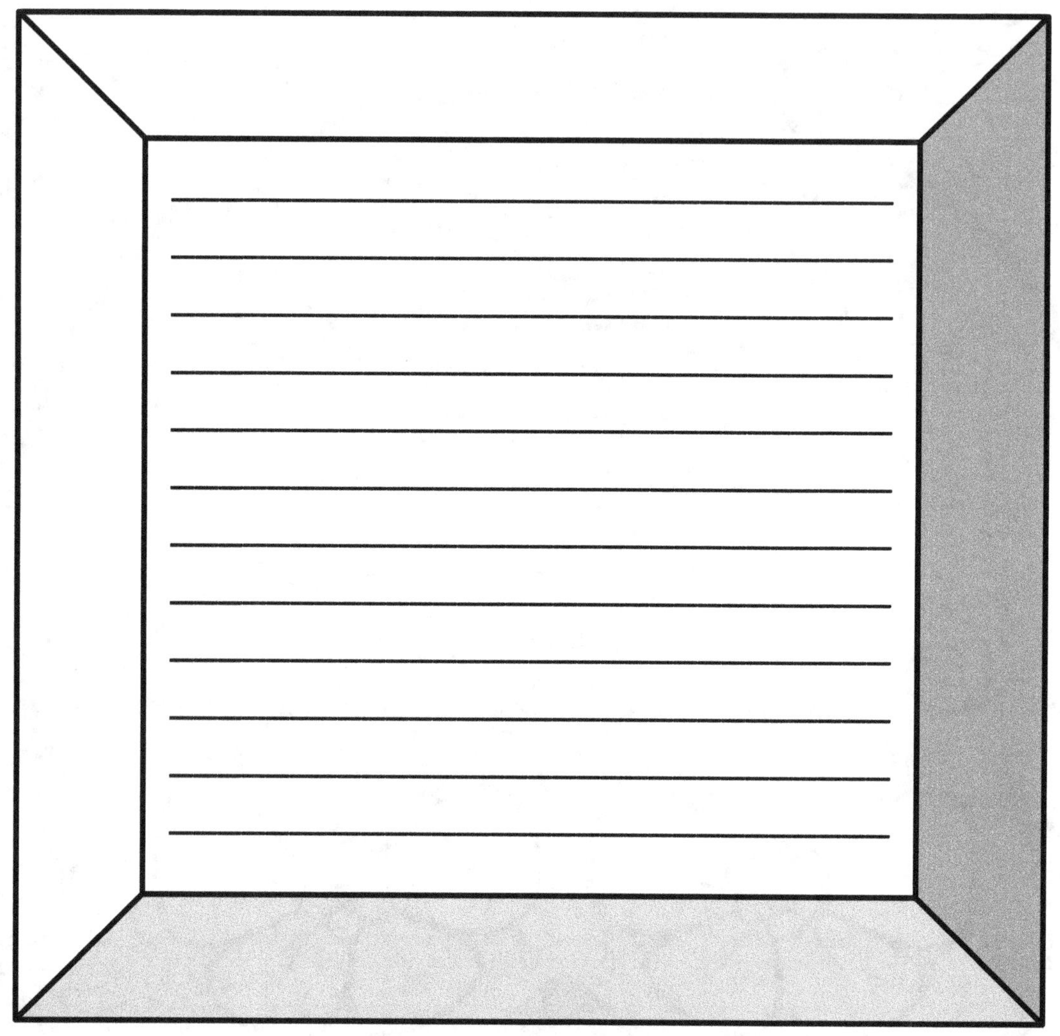

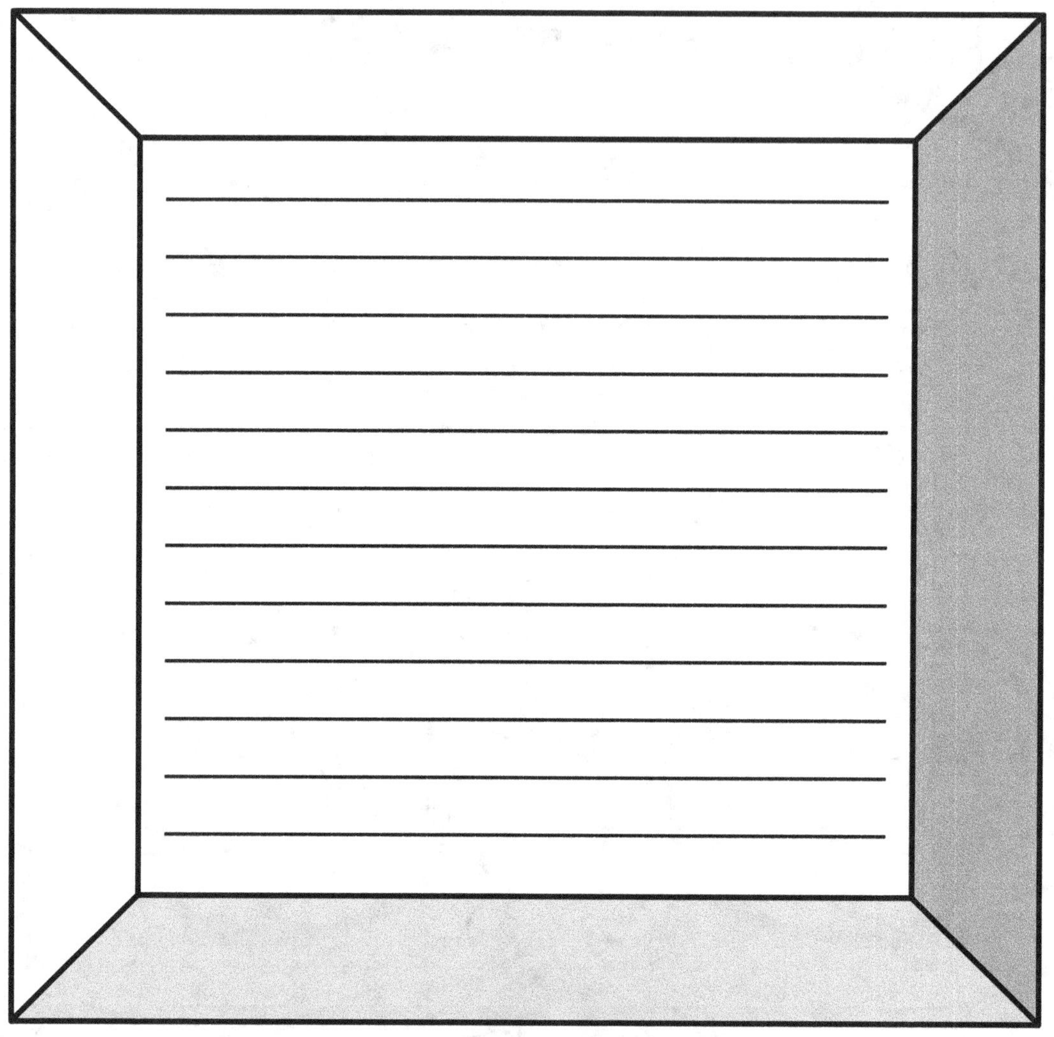

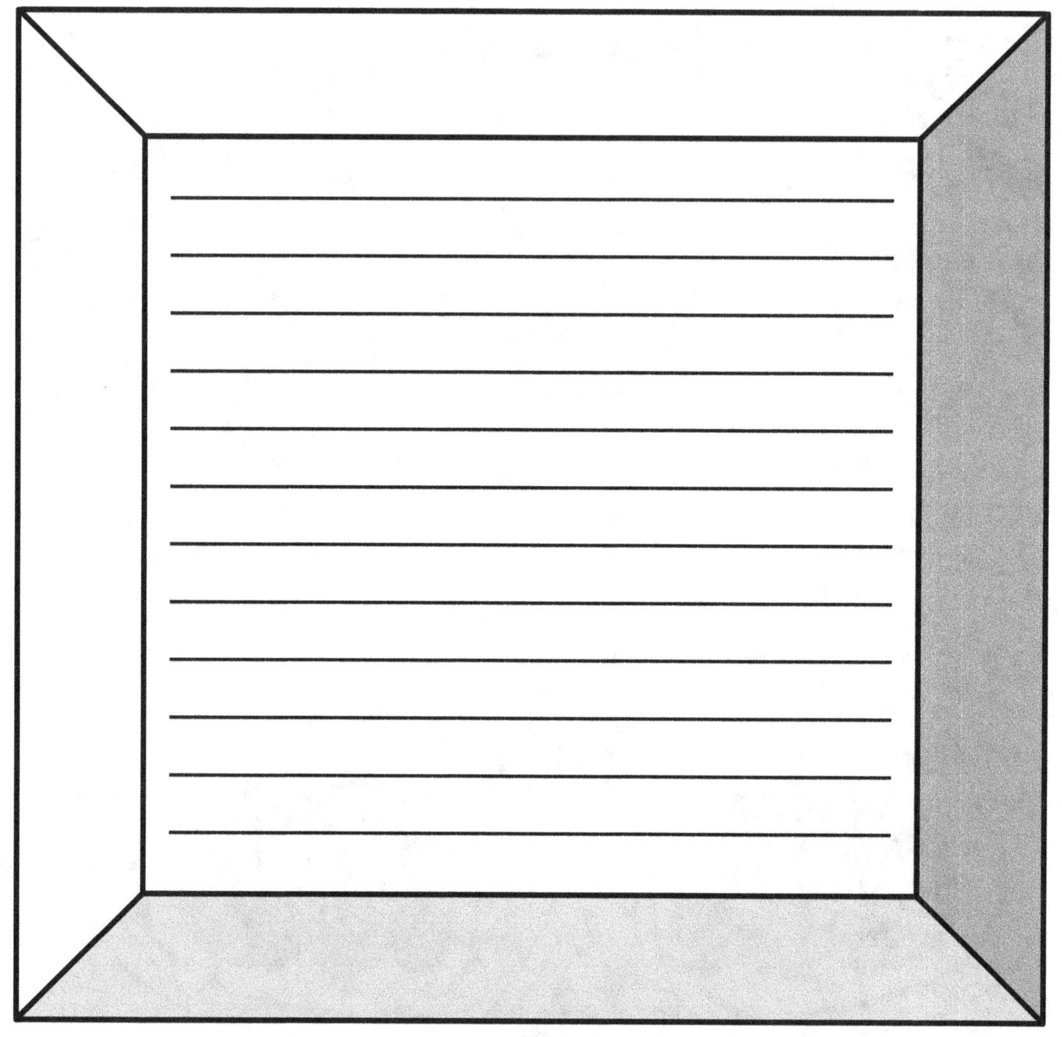

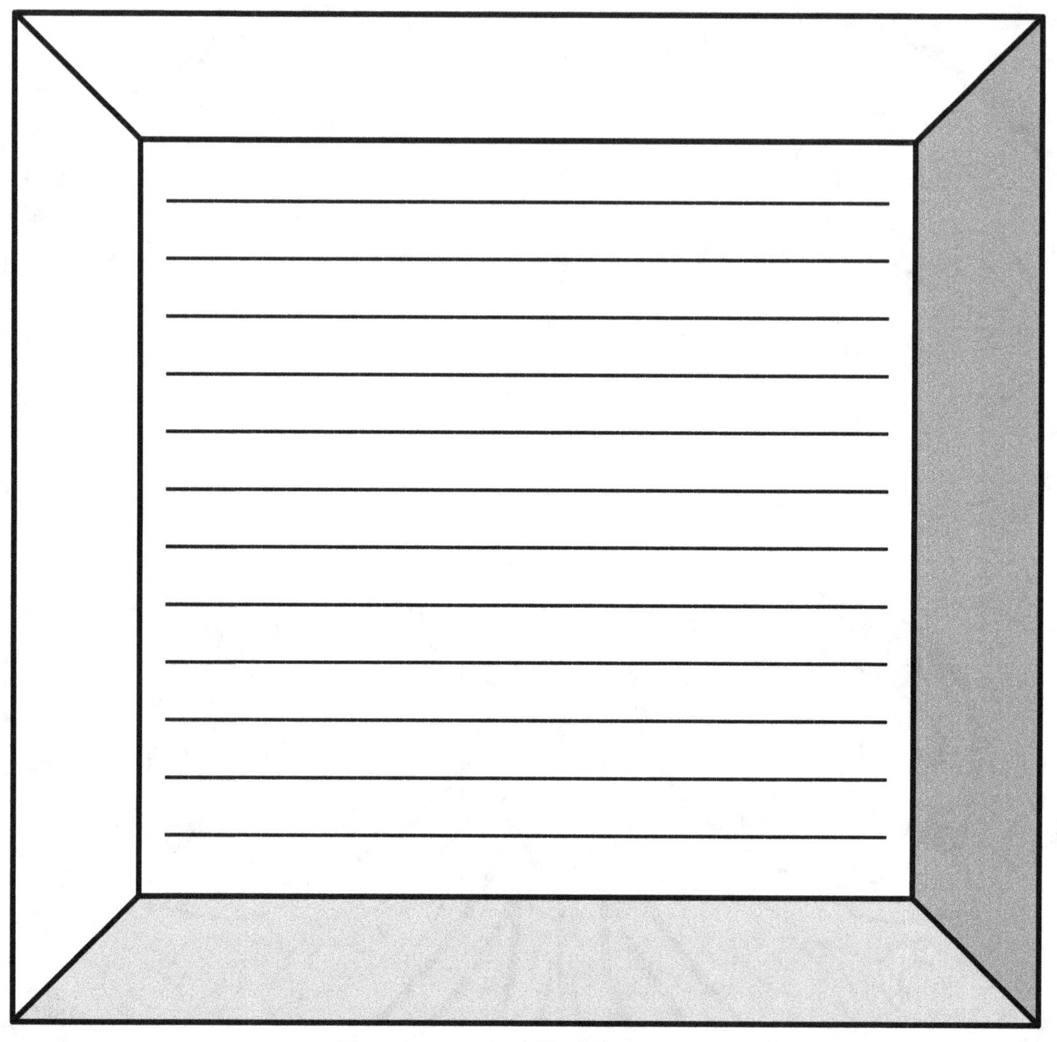

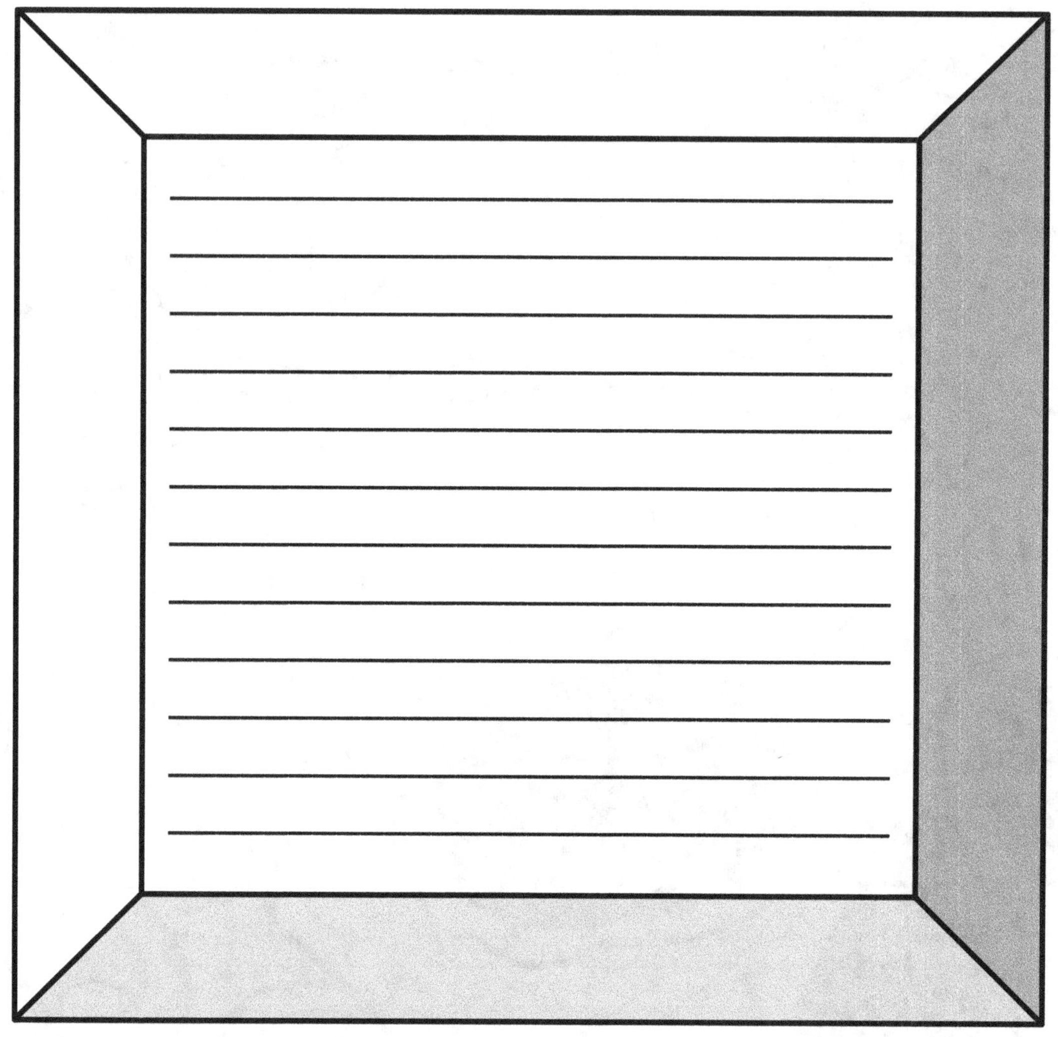

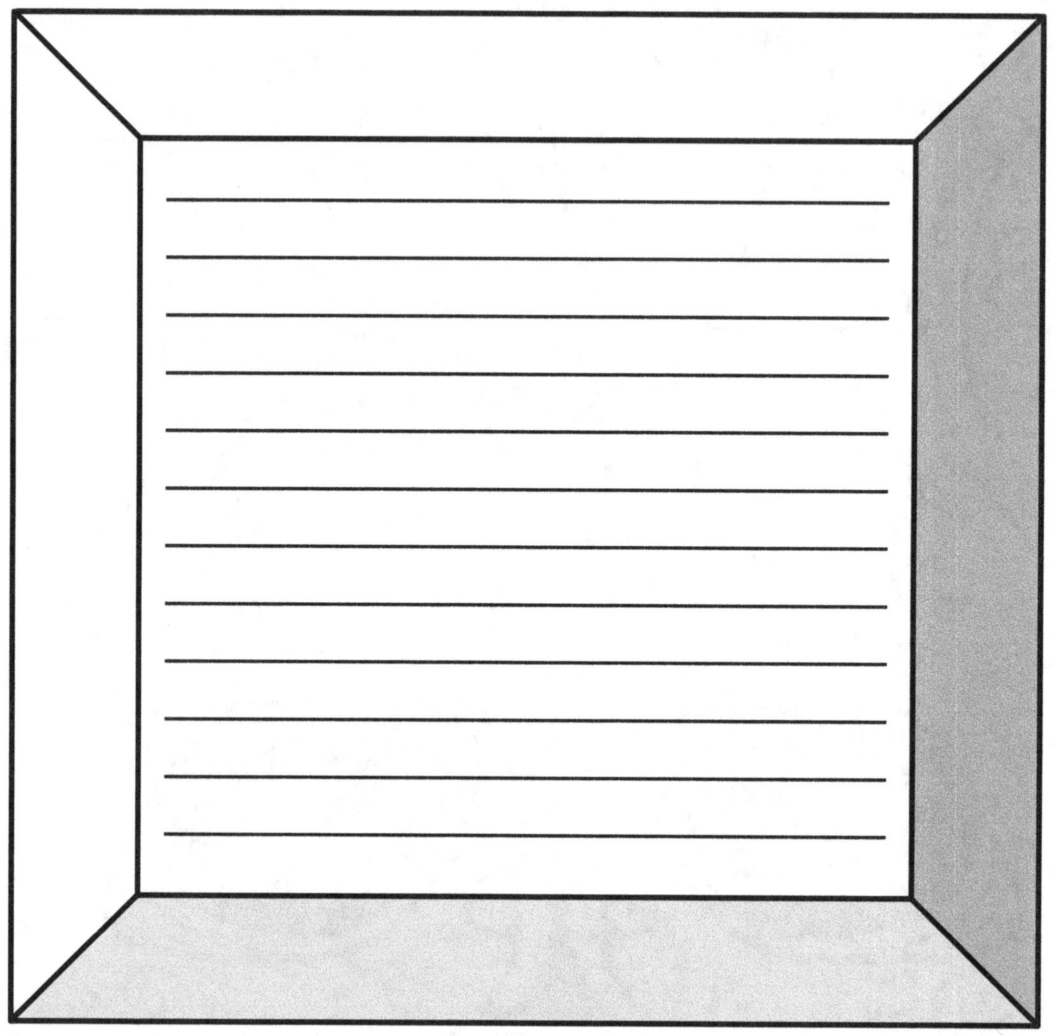

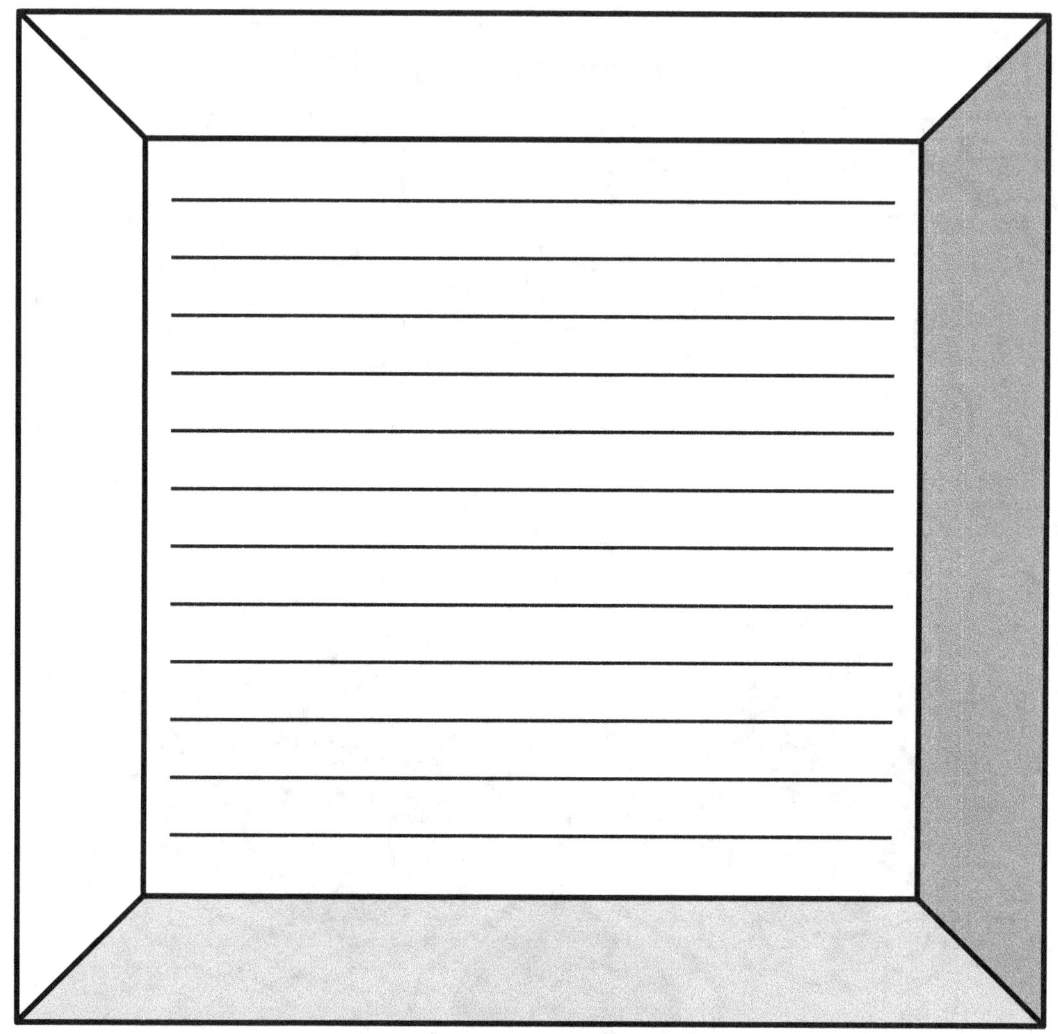

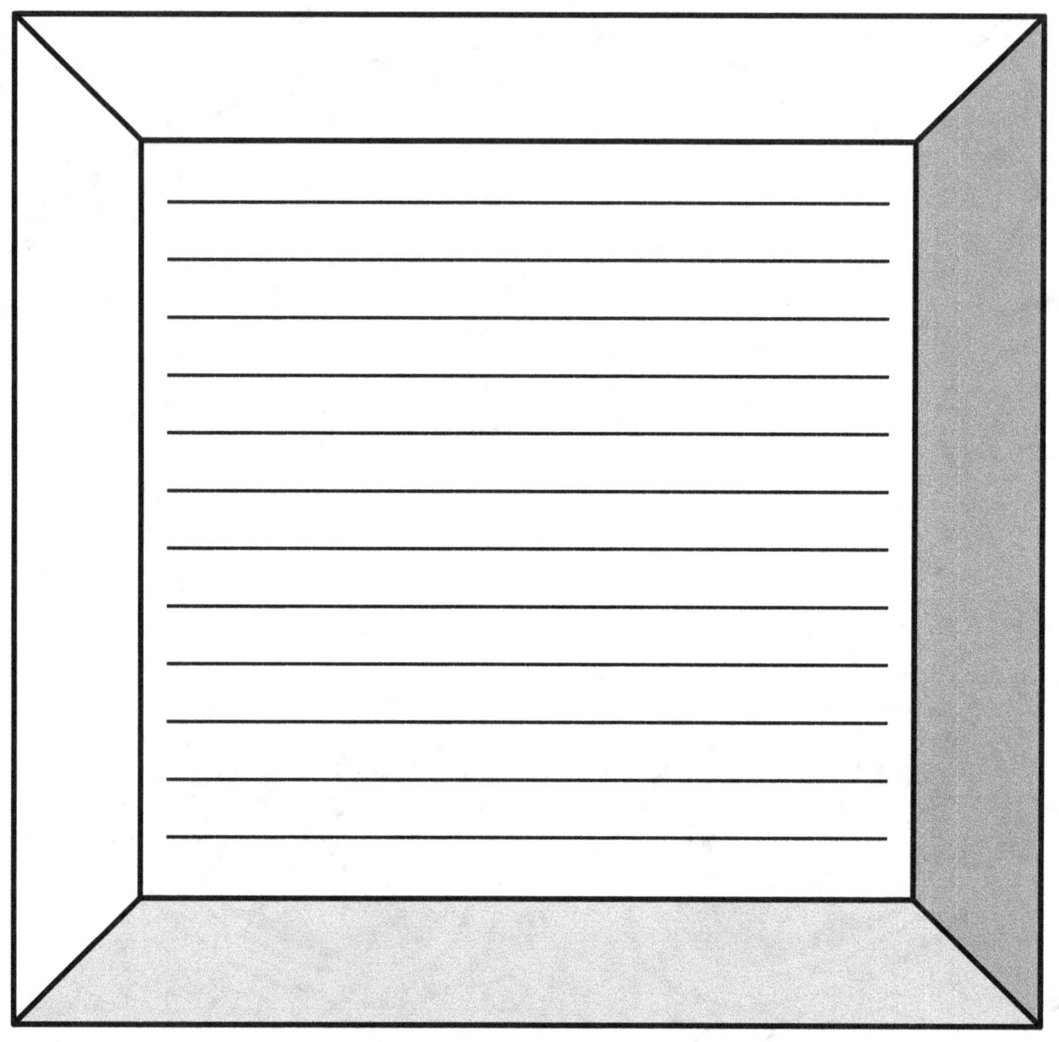

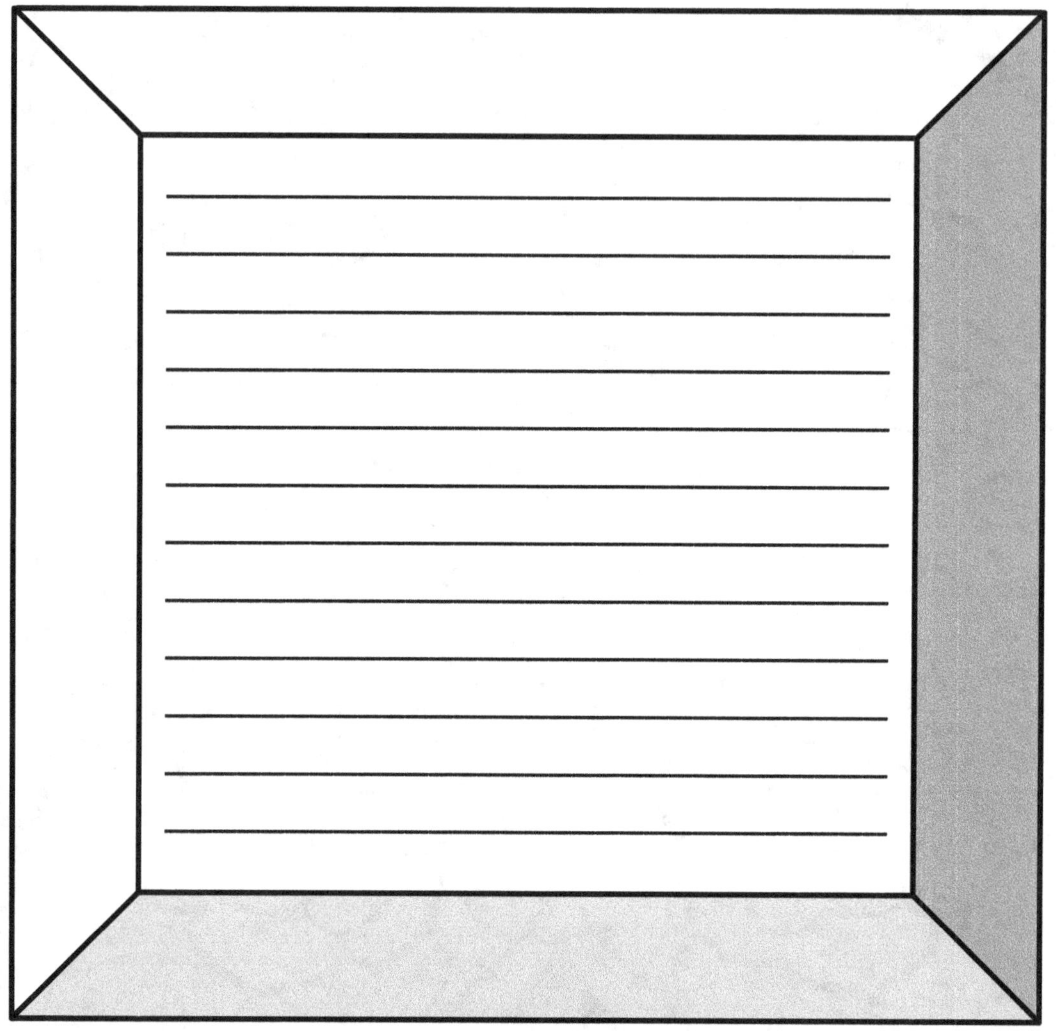

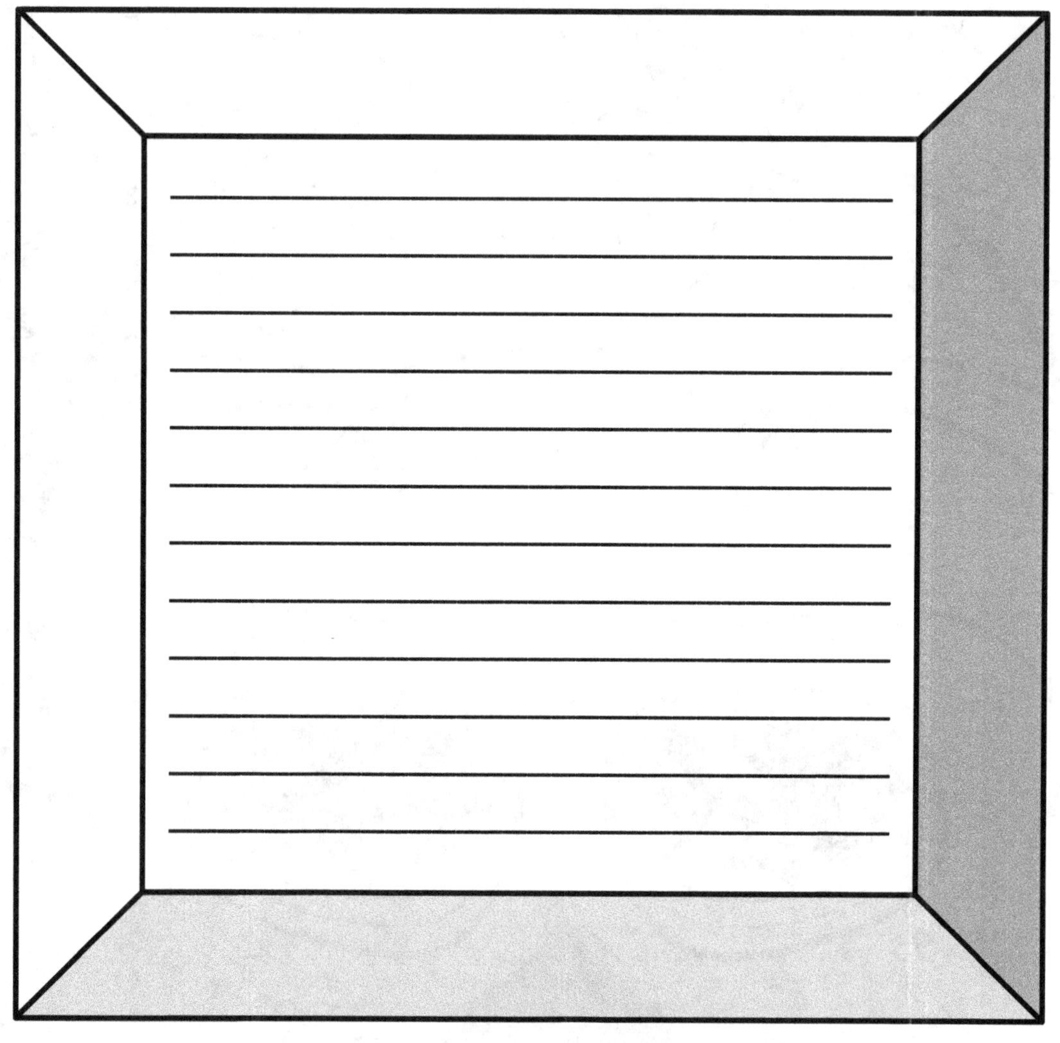

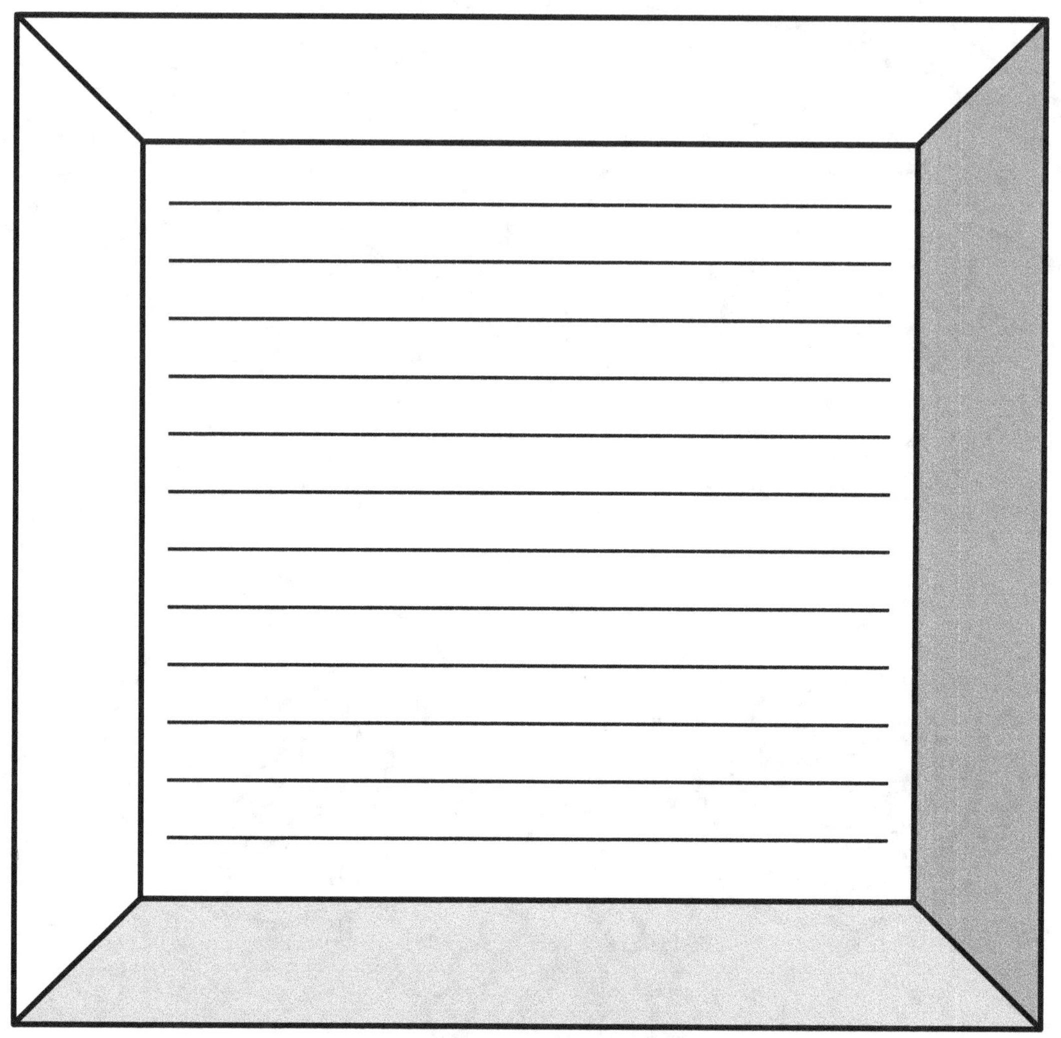

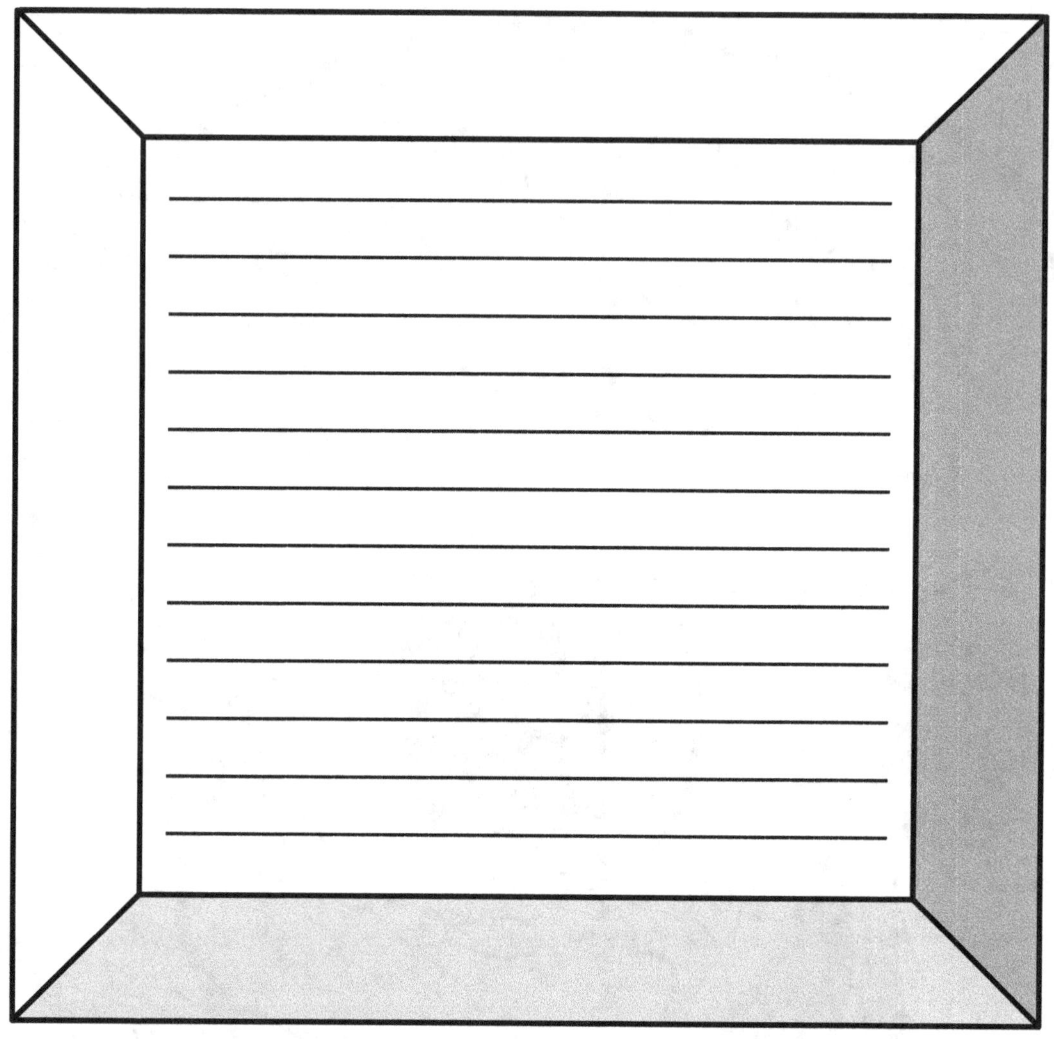

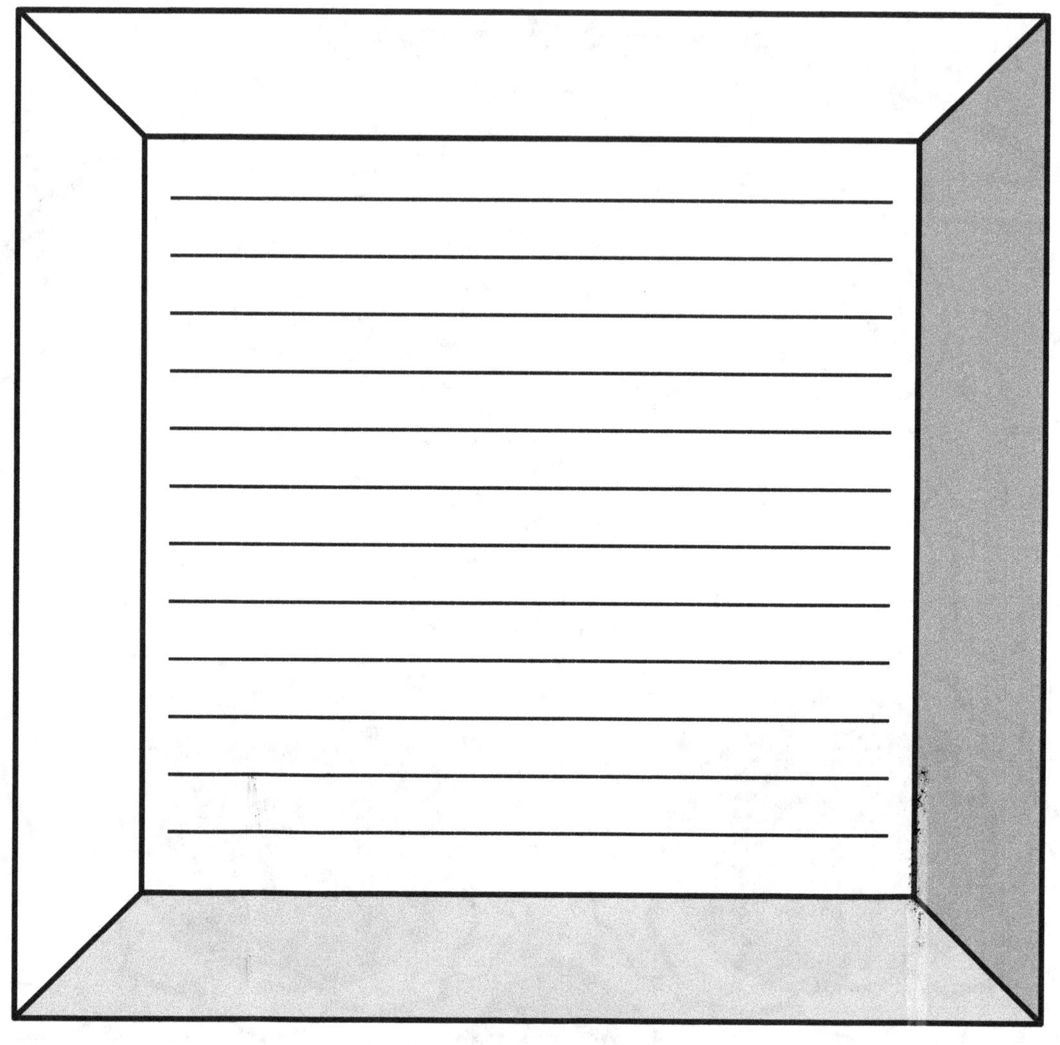

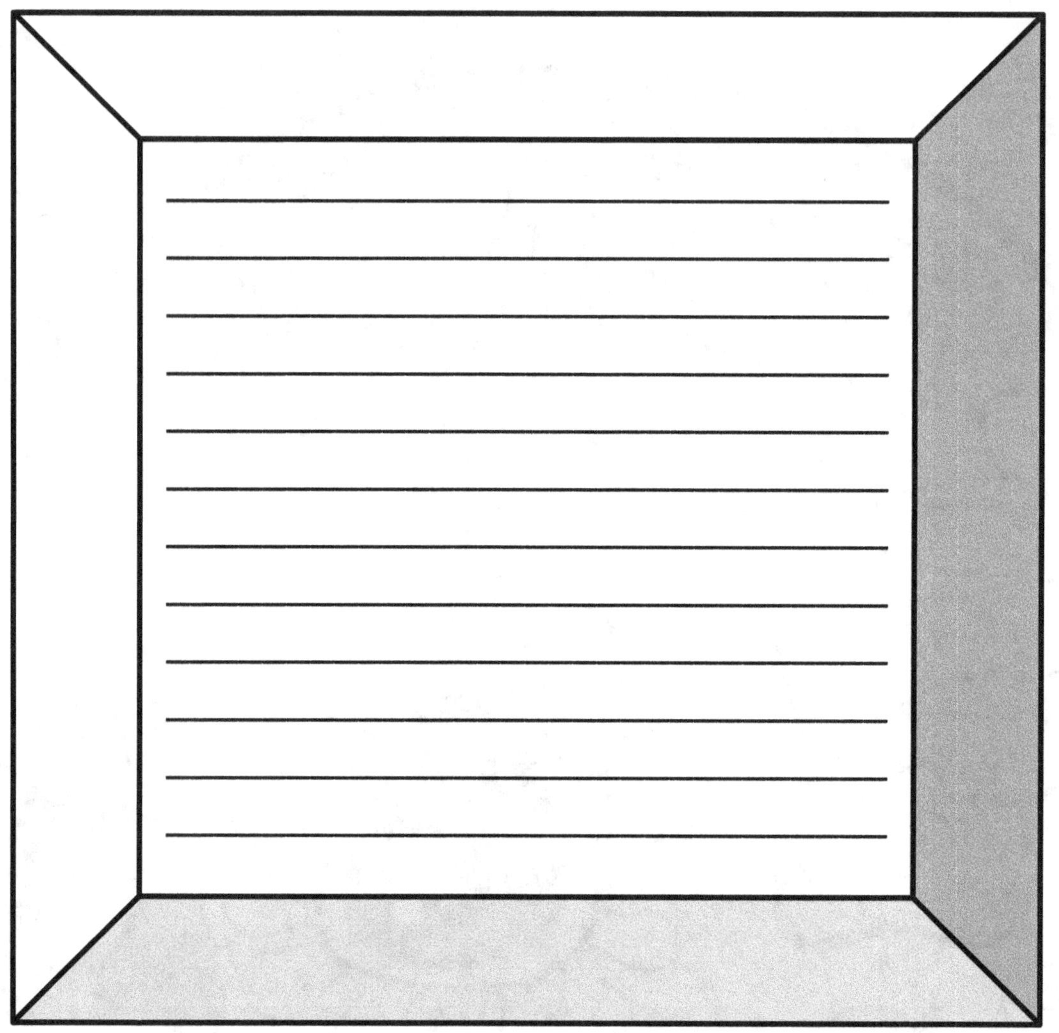

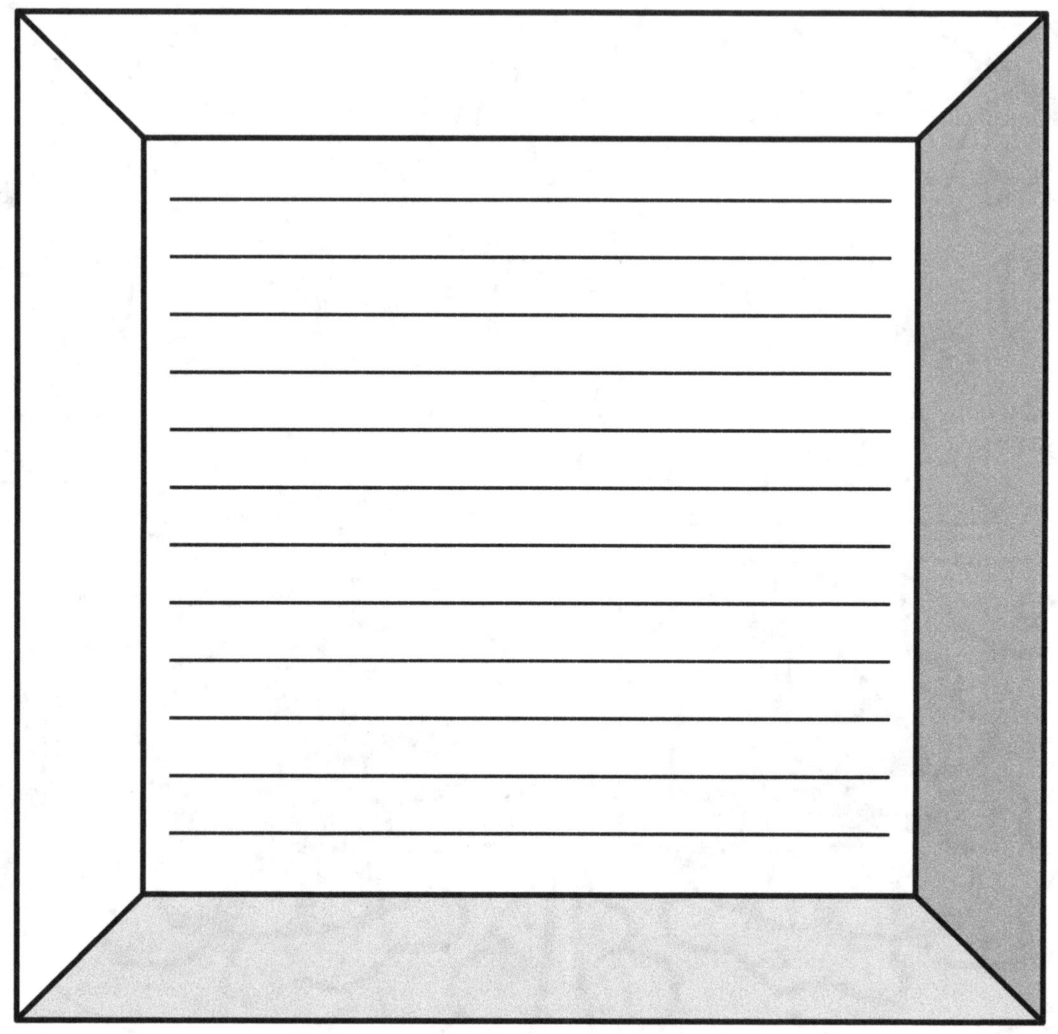

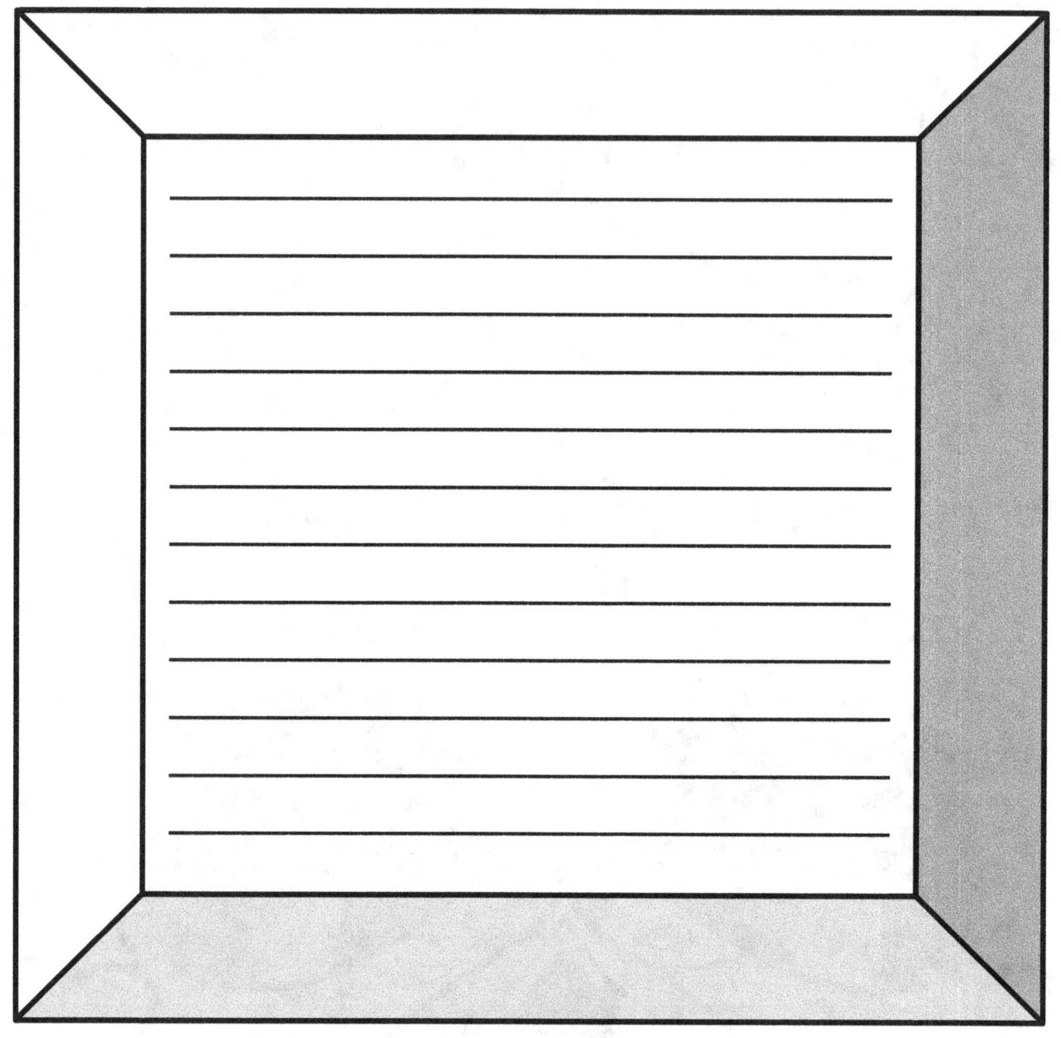

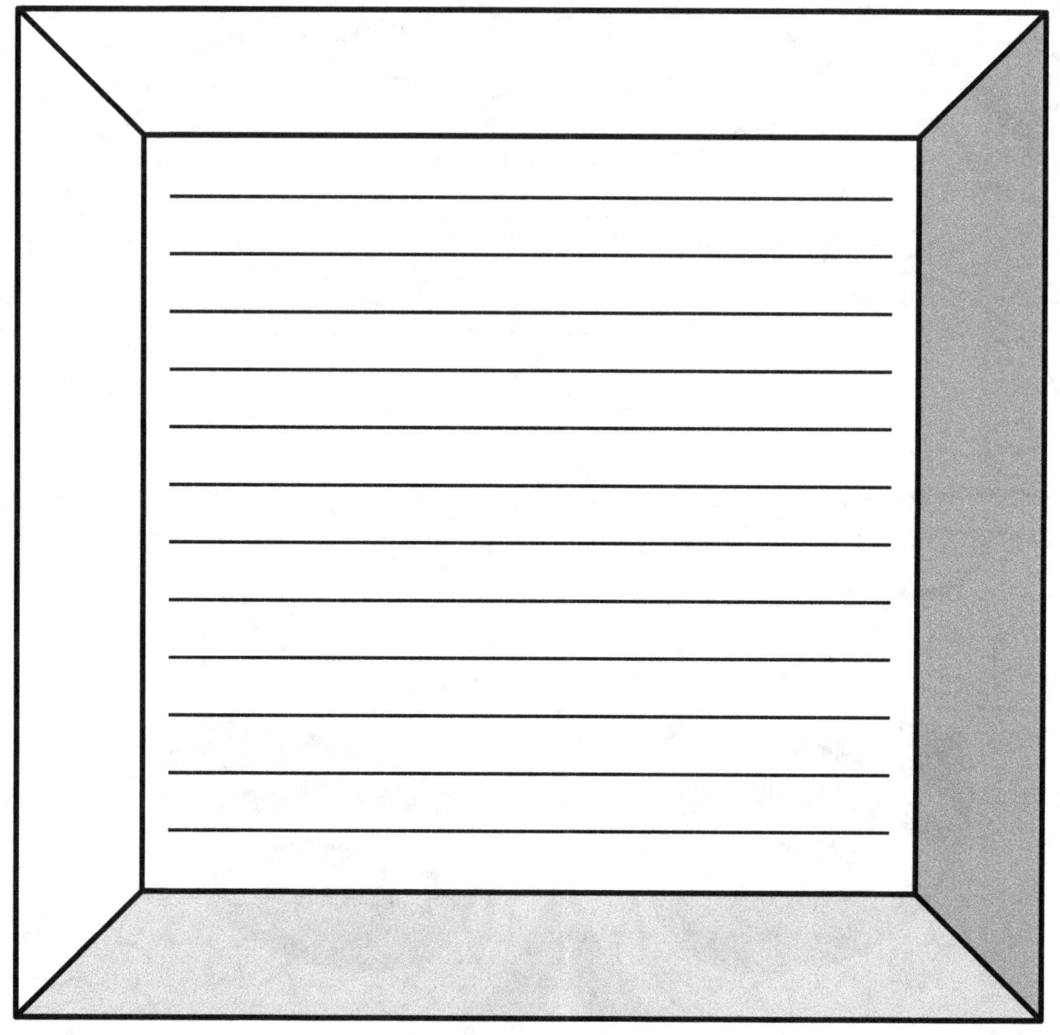

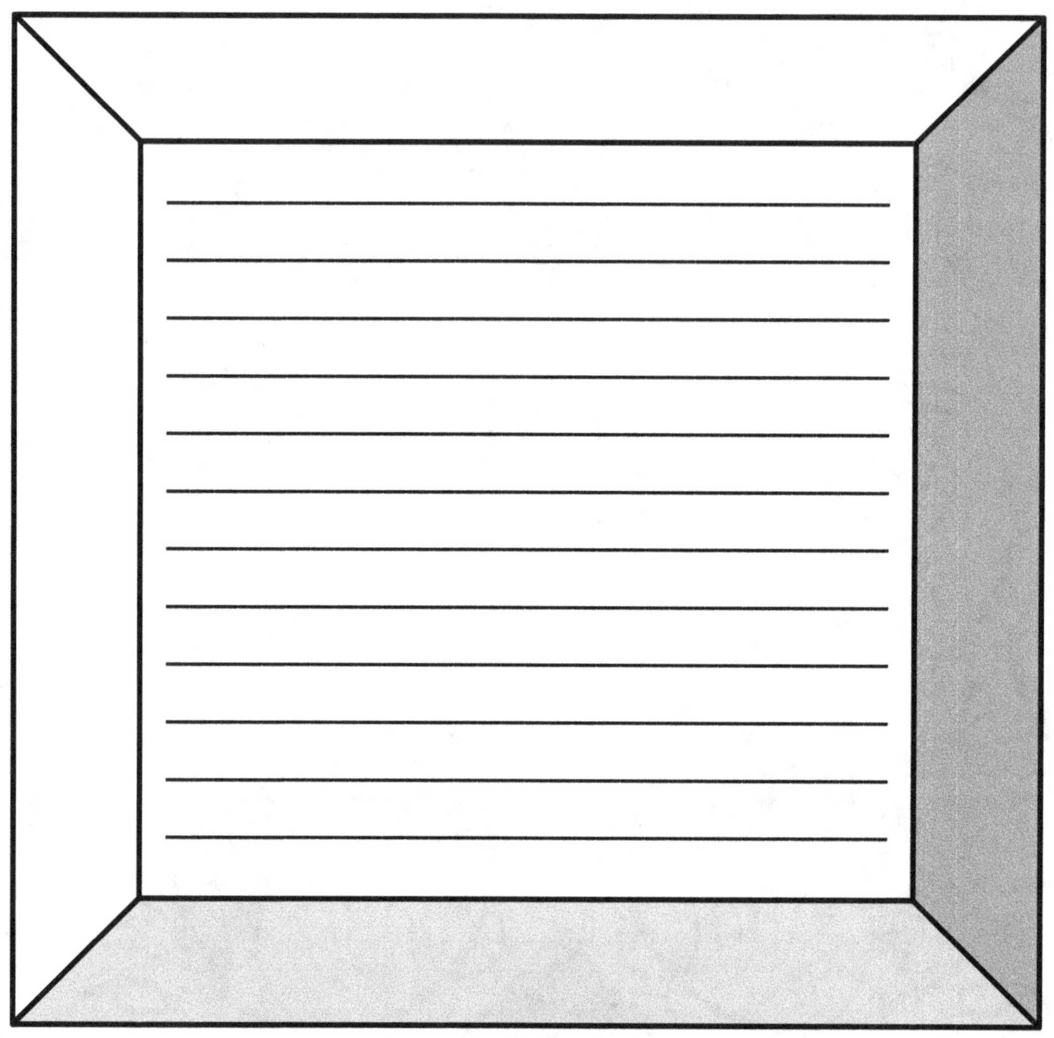

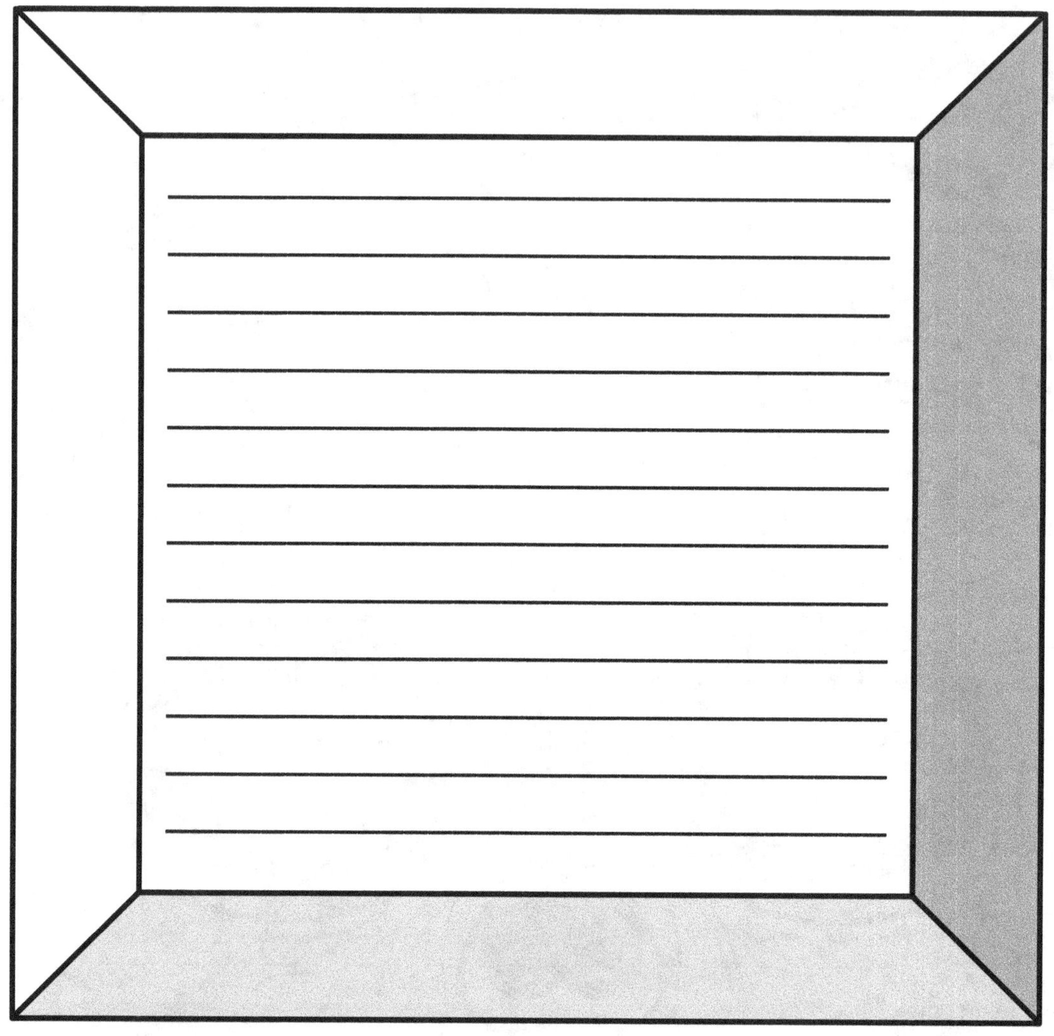

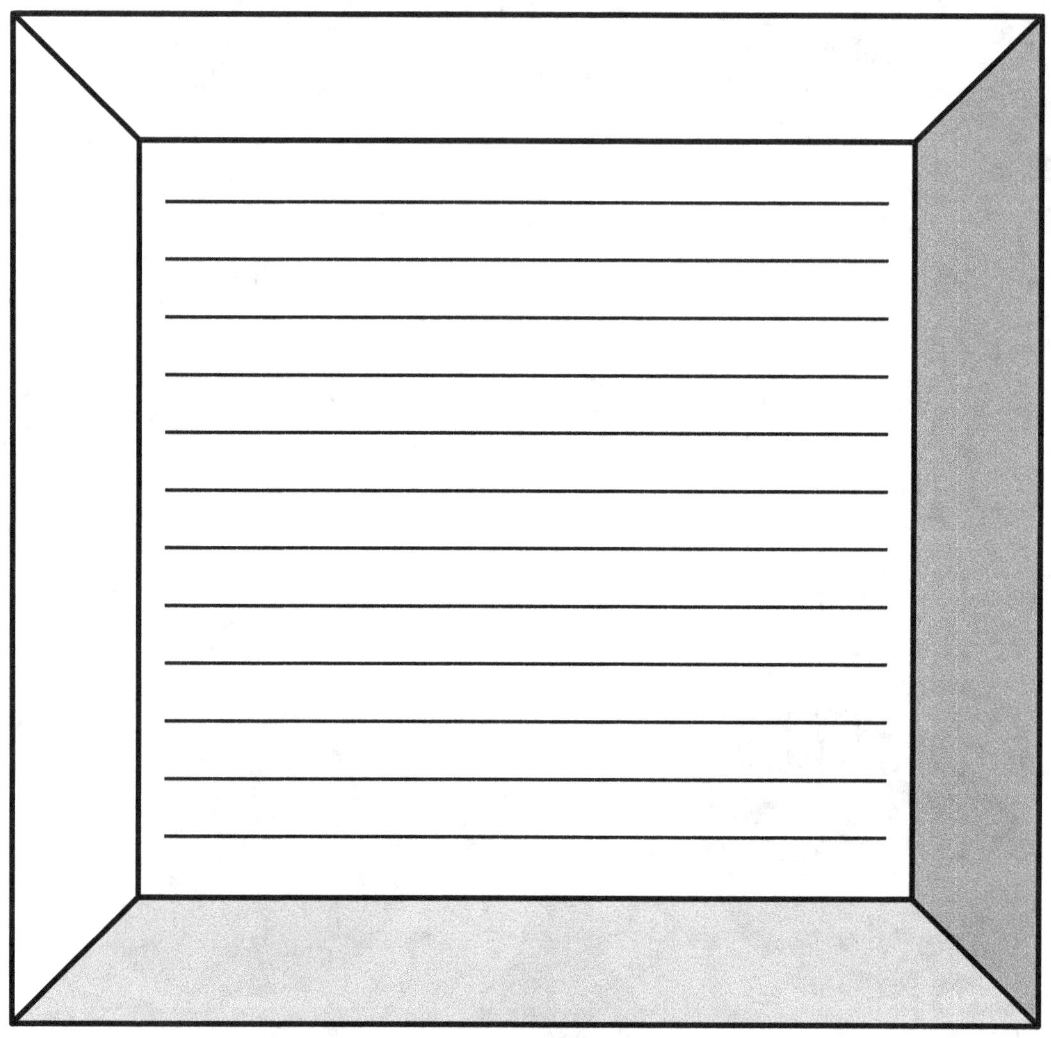

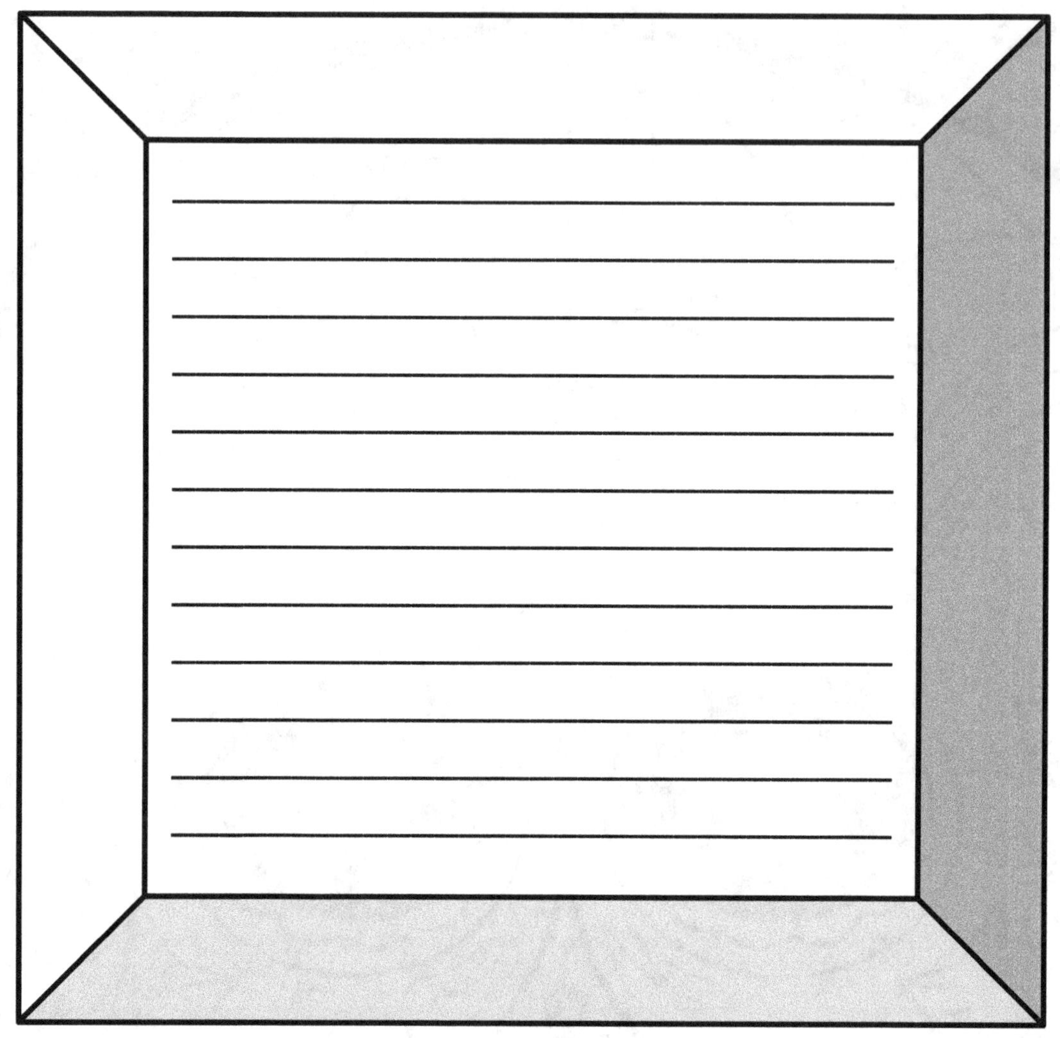

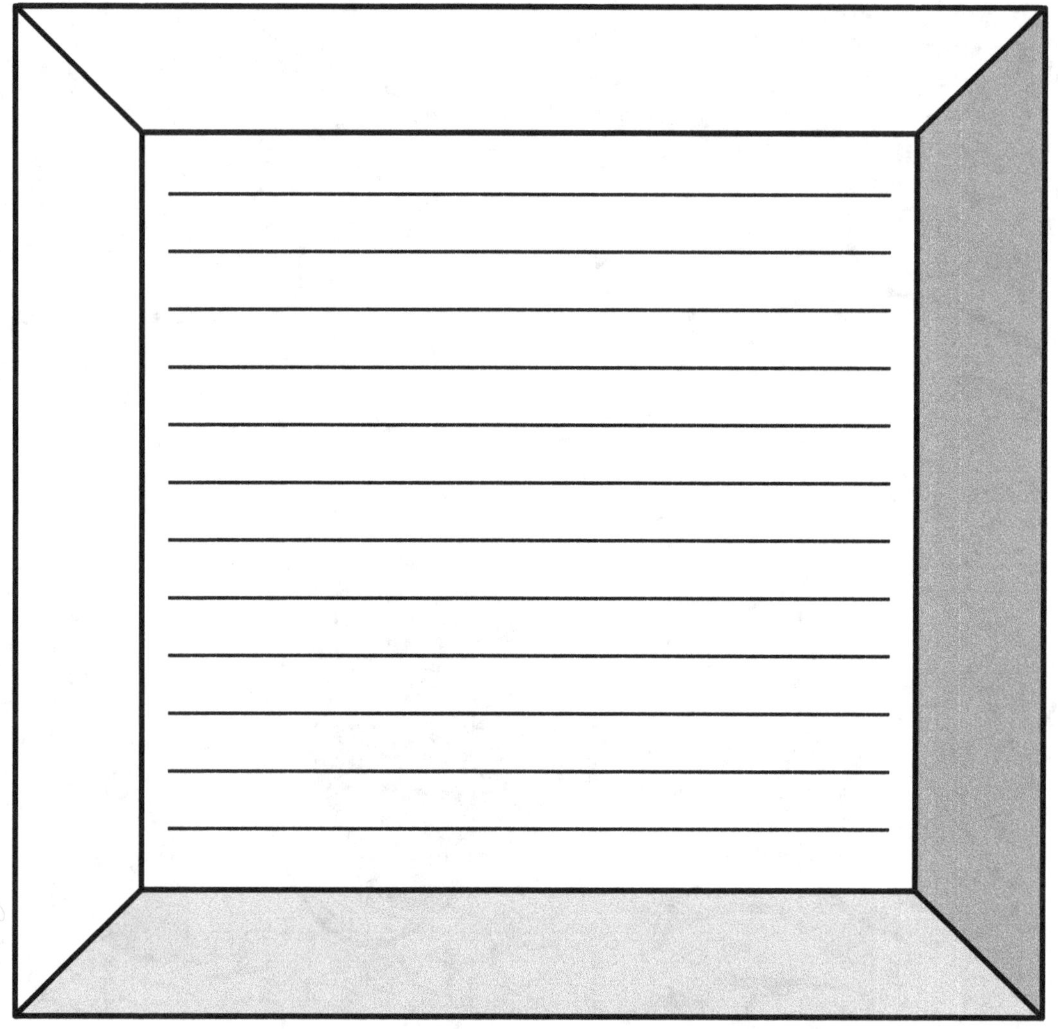

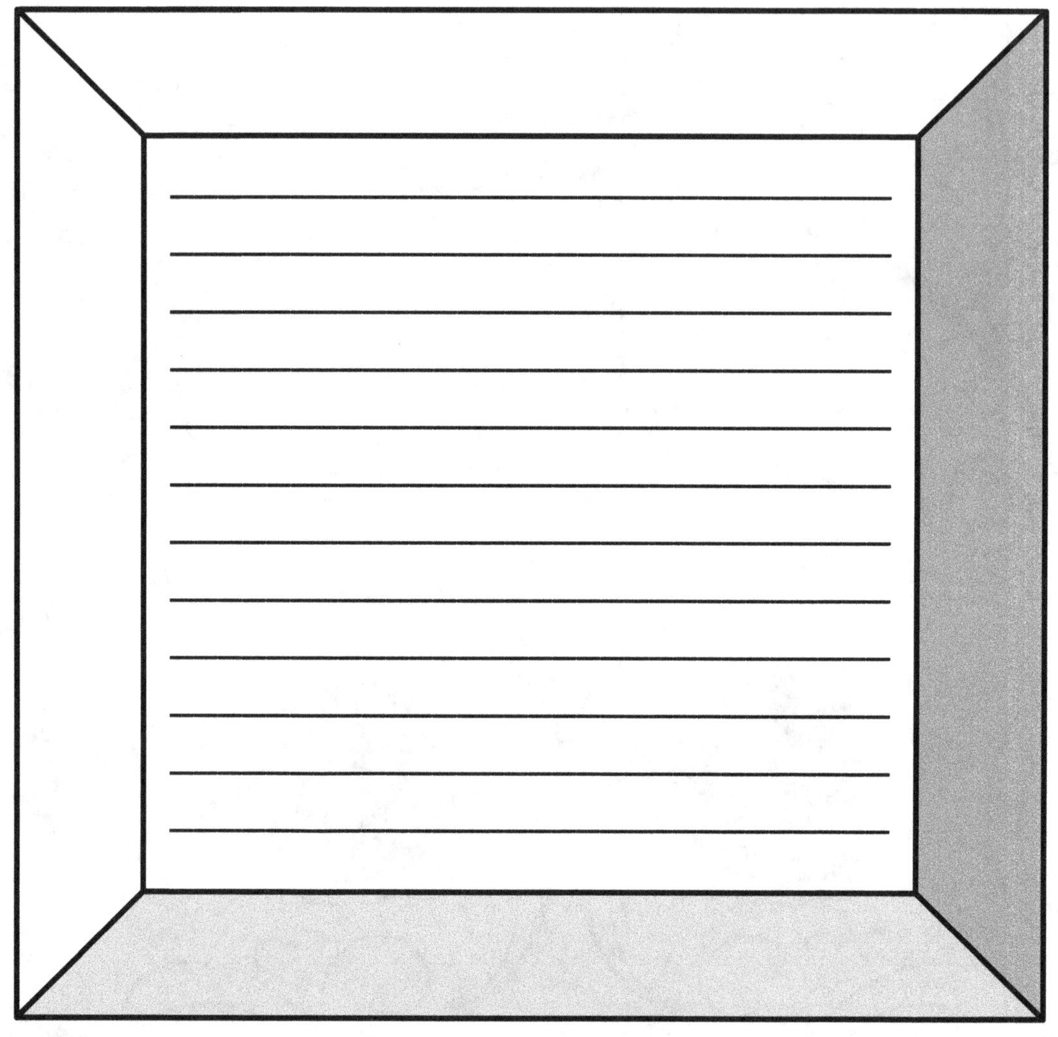

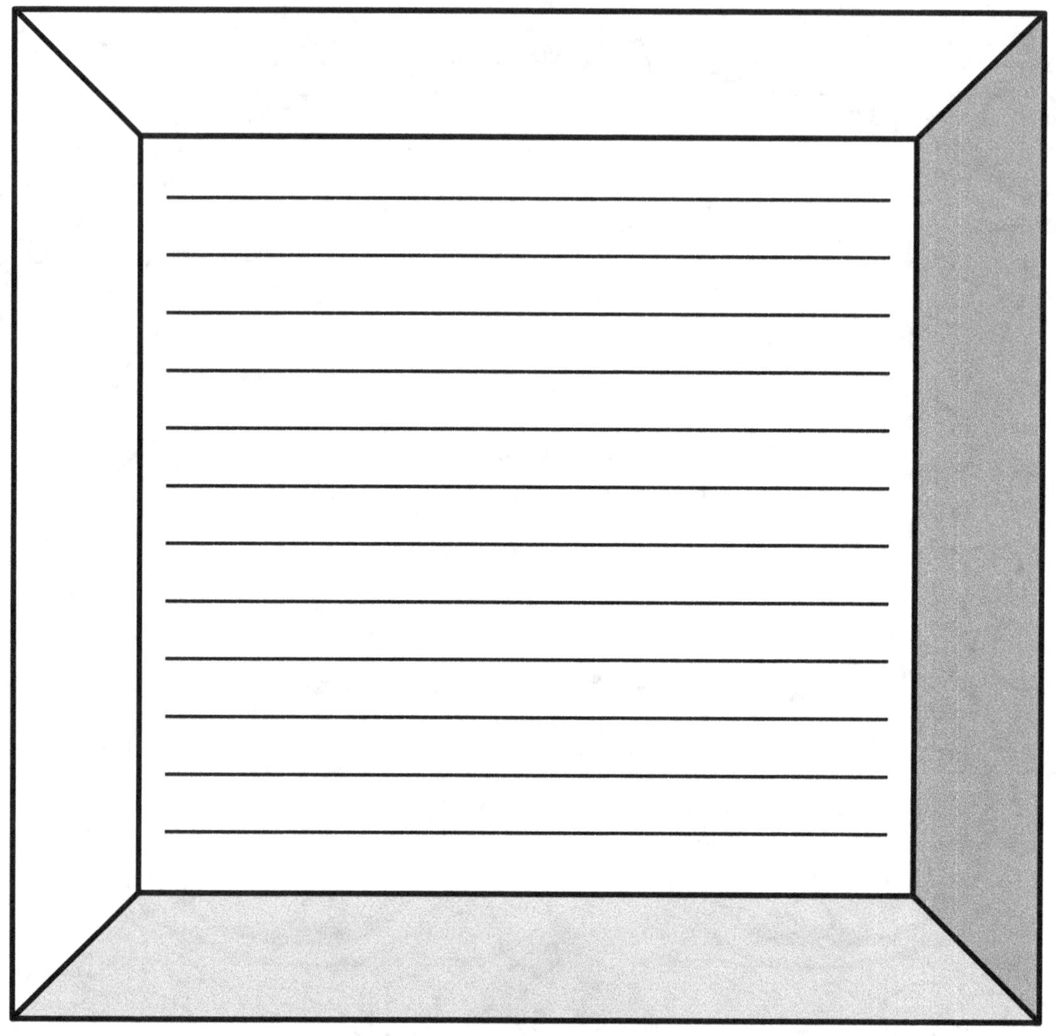

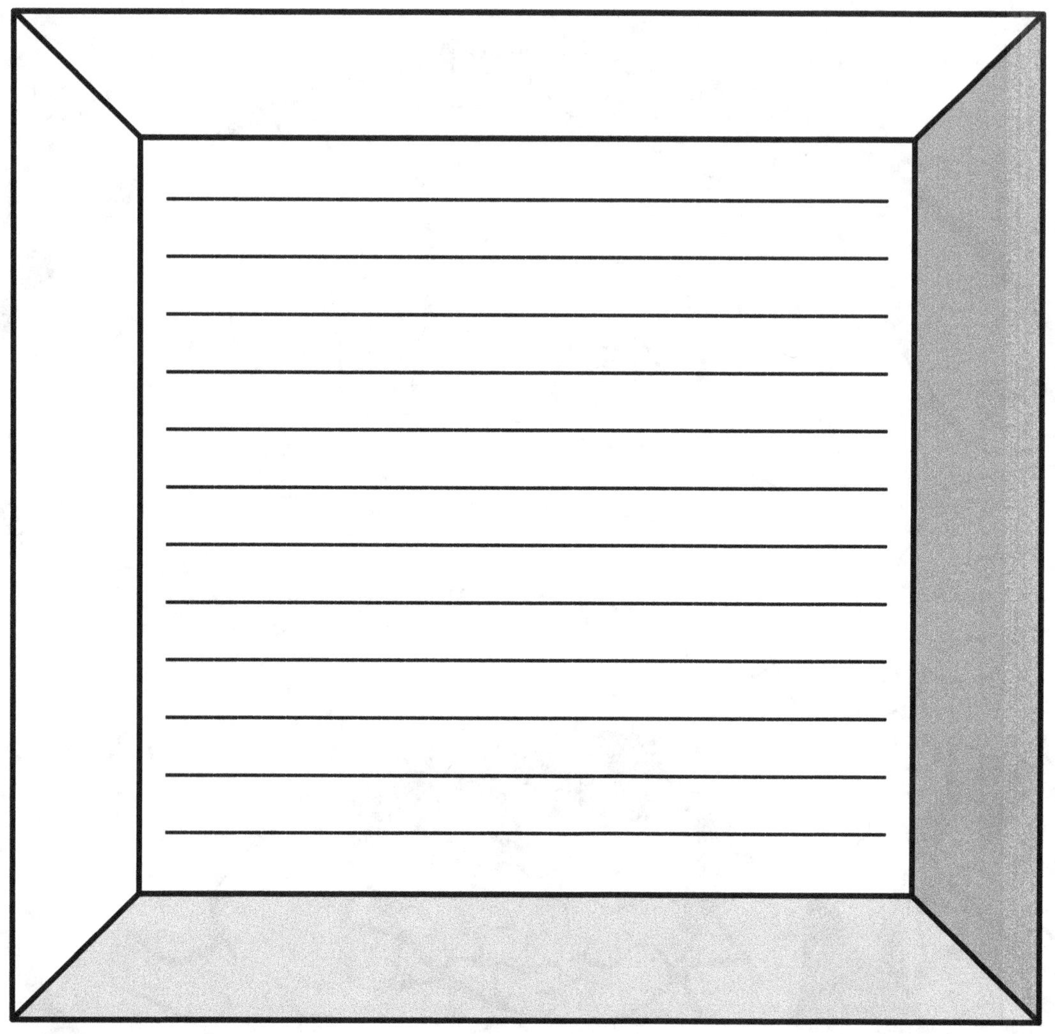

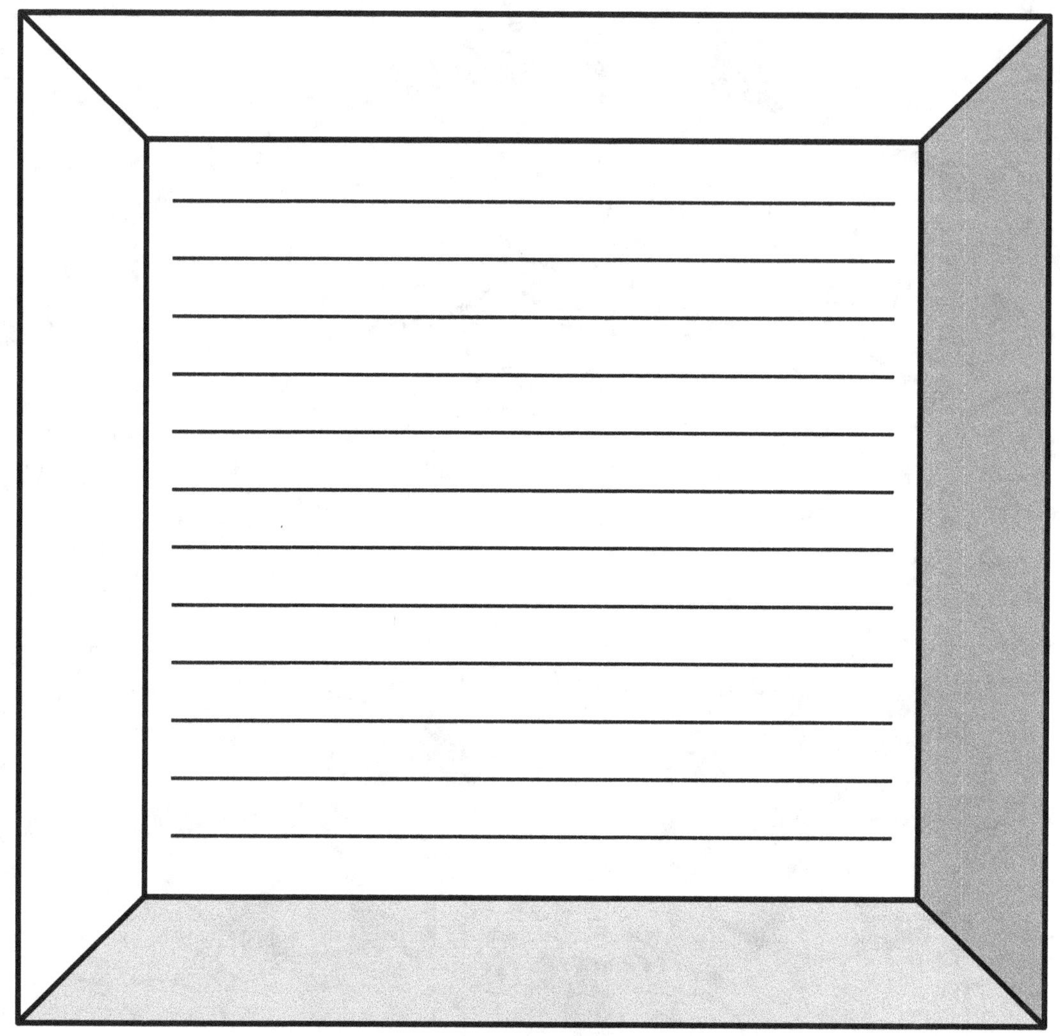

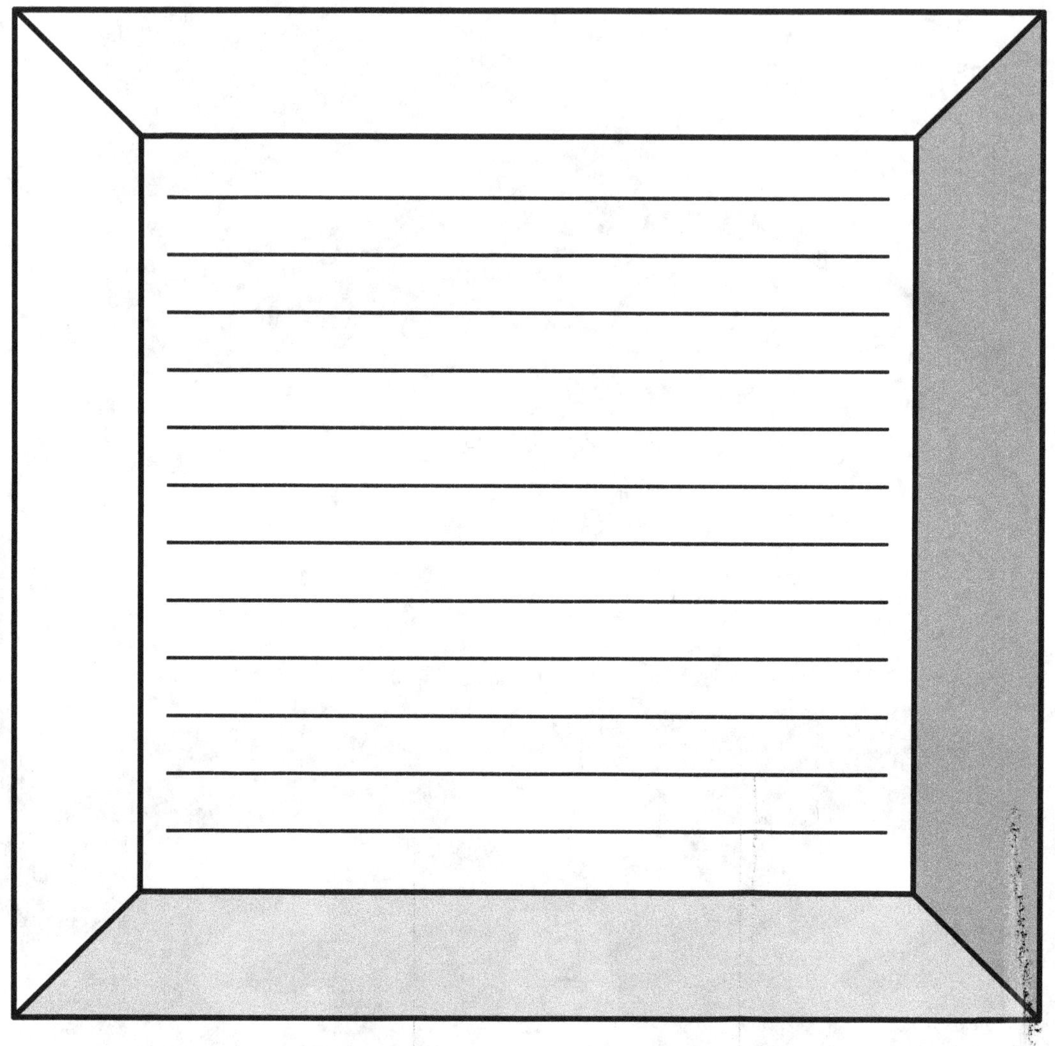

MENTIONS LÉGALES